"十三五"国家重点图书出版规划项目

中国社会科学院创新工程学术出版资助项目

新版《列国志》编辑委员会

主　　任　王伟光
副 主 任　李培林　蔡　昉
委　　员（按姓氏音序排列）
　　　　　陈众议　黄　平　李安山　李晨阳　李剑鸣　李绍先
　　　　　李　薇　李向阳　李永全　刘北成　刘德斌　钱乘旦
　　　　　曲　星　王　镭　王立强　王灵桂　王　巍　王新刚
　　　　　王延中　王　正　吴白乙　邢广程　杨栋梁　杨　光
　　　　　张德广　张顺洪　张宇燕　张蕴岭　郑秉文　周　弘
　　　　　庄国土　卓新平

秘 书 长　马　援　谢寿光

列国志 新版

GUIDE TO THE WORLD NATIONS

刘风山 编著

NIUE

纽 埃

社会科学文献出版社
SOCIAL SCIENCES ACADEMIC PRESS (CHINA)

纽埃行政区划图

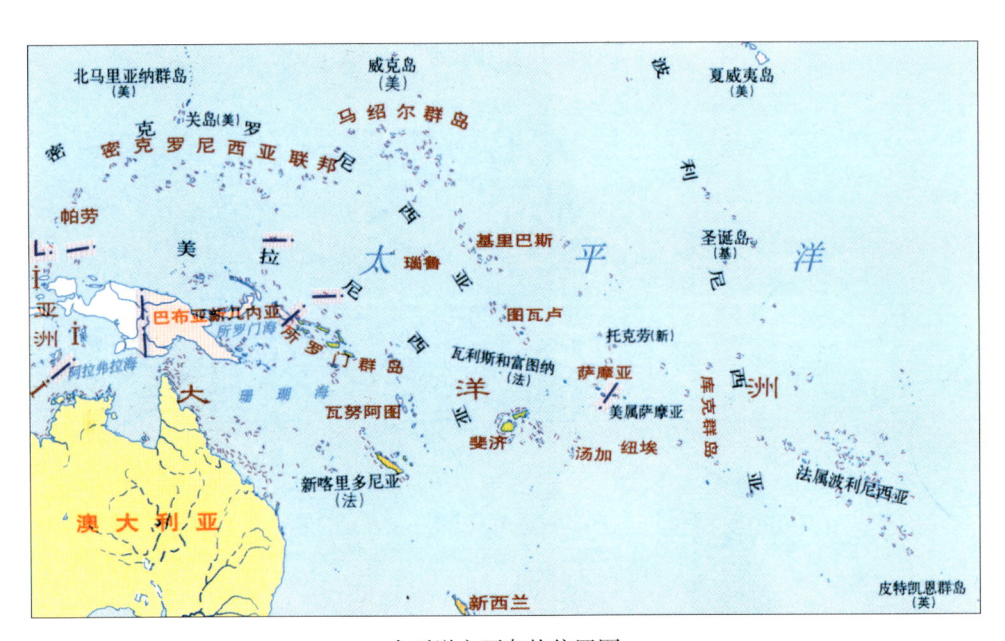

太平洋主要岛屿位置图

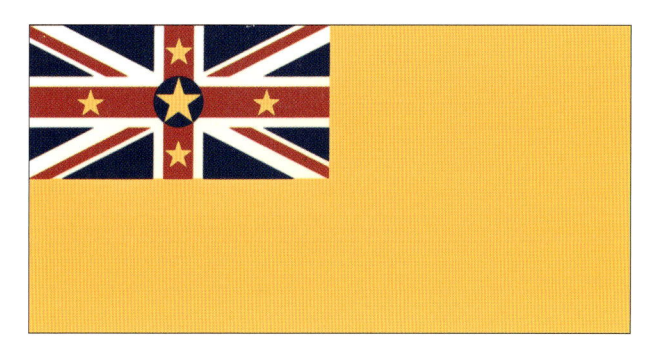

纽埃国旗

纽埃国徽

纽埃居民（太平洋岛国贸易与投资专员署　供图）

纽埃独木舟亮相上海世博会（潘索菲　摄）

纽埃发行的农业活动邮票(刘风山 摄)

纽埃发行的发现夏威夷200周年纪念邮票(刘风山 摄)

纽埃成立自治政府25周年纪念邮票(刘风山 摄)

纽埃发行的纪念币(刘风山 摄)

潜水
(太平洋岛国贸易与投资专员署　供图)

岩洞探险(太平洋岛国贸易与投资专员署　供图)

高尔夫运动(太平洋岛国贸易与投资专员署　供图)

出版说明

《列国志》编撰出版工作自1999年正式启动，截至目前，已出版144卷，涵盖世界五大洲163个国家和国际组织，成为中国出版史上第一套百科全书式的大型国际知识参考书。该套丛书自出版以来，受到社会各界的广泛好评，被誉为"21世纪的《海国图志》"，中国人了解外部世界的全景式"窗口"。

这项凝聚着近千学人、出版人心血与期盼的工程，前后历时十多年，作为此项工作的组织实施者，我们为这皇皇144卷《列国志》的出版深感欣慰。与此同时，我们也深刻认识到当今国际形势风云变幻，国家发展日新月异，人们了解世界各国最新动态的需要也更为迫切。鉴于此，为使《列国志》丛书能够不断补充最新资料，更好地服务于社会各界，我们决定启动新版《列国志》编撰出版工作。

与已出版的144卷《列国志》相比，新版《列国志》无论是形式还是内容都有新的调整。国际组织卷次将单独作为一个系列编撰出版，原来合并出版的国家将独立成书，而之前尚未出版的国家都将增补齐全。新版《列国志》的封面设计、版面设计更加新颖，力求带给读者更好的阅读享受。内容上的调整主要体现在数据的更新、最新情况的增补以及章节设置的变化等方面，目的在于进一步加强该套丛书将基础研究和应用对策研究相结合，将基础研究成果应用于实践的特色。例如，增加了各国有关资源开发、环境治理的内容；特设"社会"一章，介绍各国的国民生活情况、社会管理经验以及存在的社会问题，等等；增设"大事纪年"，方便读者在短时间内熟悉各国的发展线索；增设"索引"，便于读者根据人名、地名、关键词查找所需相关信息。

顺应时代发展的要求，新版《列国志》将以纸质书为基础，全面整合国别国际问题研究资源，构建列国志数据库。这是《列国志》在新时期发展的一个重大突破，由此形成的国别国际问题研究与知识服务平台，必将更好地服务于中央和地方政府部门应对日益繁杂的国际事务的决策需要，促进国别国际问题研究领域的学术交流，拓宽中国民众的国际视野。

新版《列国志》的编撰出版工作得到了各方的支持：国家主管部门高度重视，将其列入"'十二五'国家重点图书出版规划项目"；中国社会科学院将其列为创新工程学术出版资助项目，王伟光院长亲自担任编辑委员会主任，指导相关工作的开展；国内各高校和研究机构鼎力相助，国别国际问题研究领域的知名学者相继加入编辑委员会，提供优质的学术指导。相信在各方的通力合作之下，新版《列国志》必将更上一层楼，以崭新的面貌呈现给读者，在中国改革开放的新征程中更好地发挥其作为"知识向导"、"资政参考"和"文化桥梁"的作用！

新版《列国志》编辑委员会
2013 年 9 月

前　言

　　自 1840 年前后中国被迫开关、步入世界以来，对外国舆地政情的了解即应时而起。还在第一次鸦片战争期间，受林则徐之托，1842 年魏源编辑刊刻了近代中国首部介绍当时世界主要国家舆地政情的大型志书《海国图志》。林、魏之目的是为长期生活在闭关锁国之中、对外部世界知之甚少的国人"睁眼看世界"，提供一部基本的参考资料，尤其是让当时中国的各级统治者知道"天朝上国"之外的天地，学习西方的科学技术，"师夷之长技以制夷"。这部著作，在当时乃至其后相当长一段时间内，产生过巨大影响，对国人了解外部世界起到了积极的作用。

　　自那时起中国认识世界、融入世界的步伐就再也没有停止过。中华人民共和国成立以后，尤其是 1978 年改革开放以来，中国更以主动的自信自强的积极姿态，加速融入世界的步伐。与之相适应，不同时期先后出版过相当数量的不同层次的有关国际问题、列国政情、异域风俗等方面的著作，数量之多，可谓汗牛充栋。它们对时人了解外部世界起到了积极的作用。

　　当今世界，资本与现代科技正以前所未有的速度与广度在国际流动和传播，"全球化"浪潮席卷世界各地，极大地影响着世界历史进程，对中国的发展也产生极其深刻的影响。面临不同以往的"大变局"，中国已经并将继续以更开放的姿态、

更快的步伐全面步入世界，迎接时代的挑战。不同的是，我们所面临的已不是林则徐、魏源时代要不要"睁眼看世界"、要不要"开放"的问题，而是在新的历史条件下，在新的世界发展大势下，如何更好地步入世界，如何在融入世界的进程中更好地维护民族国家的主权与独立，积极参与国际事务，为维护世界和平，促进世界与人类共同发展做出贡献。这就要求我们对外部世界有比以往更深切、全面的了解，我们只有更全面、更深入地了解世界，才能在更高的层次上融入世界，也才能在融入世界的进程中不迷失方向，保持自我。

与此时代要求相比，已有的种种有关介绍、论述各国史地政情的著述，无论就规模还是内容来看，已远远不能适应我们了解外部世界的要求。人们期盼有更新、更系统、更权威的著作问世。

中国社会科学院作为国家哲学社会科学的最高研究机构和国际问题综合研究中心，有11个专门研究国际问题和外国问题的研究所，学科门类齐全，研究力量雄厚，有能力也有责任担当这一重任。早在20世纪90年代初，中国社会科学院的领导和中国社会科学出版社就提出编撰"简明国际百科全书"的设想。1993年3月11日，时任中国社会科学院院长的胡绳先生在科研局的一份报告上批示："我想，国际片各所可考虑出一套列国志，体例类似几年前出的《简明中国百科全书》，以一国（美、日、英、法等）或几个国家（北欧各国、印支各国）为一册，请考虑可行否。"

中国社会科学院科研局根据胡绳院长的批示，在调查研究的基础上，于1994年2月28日发出《关于编纂〈简明国际百科全书〉和〈列国志〉立项的通报》。《列国志》和《简明国际百科全书》》一起被列为中国社会科学院重点项目。按照当时的计划，首先编写《简明国际百科全书》，待这一项目完成后，再着手编写《列国志》。

1998年，率先完成《简明国际百科全书》有关卷编写任务的研究所开始了《列国志》的编写工作。随后，其他研究所也陆续启动这一项目。为了保证《列国志》这套大型丛书的高质量，科研局和社会科学文献出版社于1999年1月27日召开国际学科片各研究所及世界历史研究所负责人会议，讨论了这套大型丛书的编写大纲及基本要求。根据会议精神，科研局随后印发了《关于〈列国志〉编写工作有关事项的通知》，陆续为启动项目拨付研究经费。

为了加强对《列国志》项目编撰出版工作的组织协调，根据时任中国社会科学院院长的李铁映同志的提议，2002年8月，成立了由分管国际学科片的陈佳贵副院长为主任的《列国志》编辑委员会。编委会成员包括国际片各研究所、科研局、研究生院及社会科学文献出版社等部门的主要领导及有关同志。科研局和社会科学文献出版社组成《列国志》项目工作组，社会科学文献出版社成立了《列国志》工作室。同年，《列国志》项目被批准为中国社会科学院重大课题，新闻出版总署将《列国志》项目列入国家重点图书出版计划。

在《列国志》编辑委员会的领导下，《列国志》各承担单位尤其是各位学者加快了编撰进度。作为一项大型研究项目和大型丛书，编委会对《列国志》提出的基本要求是：资料翔实、准确、最新，文笔流畅，学术性和可读性兼备。《列国志》之所以强调学术性，是因为这套丛书不是一般的"手册""概览"，而是在尽可能吸收前人成果的基础上，体现专家学者们的

研究所得和个人见解。正因为如此，《列国志》在强调基本要求的同时，本着文责自负的原则，没有对各卷的具体内容及学术观点强行统一。应当指出，参加这一浩繁工程的，除了中国社会科学院的专业科研人员以外，还有院外的一些在该领域颇有研究的专家学者。

现在凝聚着数百位专家学者心血，共计141卷，涵盖了当今世界151个国家和地区以及数十个主要国际组织的《列国志》丛书，将陆续出版与广大读者见面。我们希望这样一套大型丛书，能为各级干部了解、认识当代世界各国及主要国际组织的情况，了解世界发展趋势，把握时代发展脉络，提供有益的帮助；希望它能成为我国外交外事工作者、国际经贸企业及日渐增多的广大出国公民和旅游者走向世界的忠实"向导"，引领其步入更广阔的世界；希望它在帮助中国人民认识世界的同时，也能够架起世界各国人民认识中国的一座"桥梁"，一座中国走向世界、世界走向中国的"桥梁"。

《列国志》编辑委员会
2003年6月

序

于洪君[*]

太平洋岛国地处太平洋深处，主要指分布在大洋洲除澳大利亚和新西兰以外的 20 余个国家和地区。太平洋岛国历史悠久，早在公元前 8000 年前就有人类居住。在近代西方入侵之前，太平洋岛国大多处于原始社会时期。随着西方殖民者不断入侵，太平洋岛国相继沦为殖民地。二战结束后，这一区域主要实行托管制，非殖民化运动在各国随即展开。从 1962 年萨摩亚独立至今，该地区已有 14 个国家获得独立，分别是萨摩亚、库克群岛、瑙鲁、汤加、斐济、纽埃、巴布亚新几内亚、所罗门群岛、图瓦卢、基里巴斯、瓦努阿图、马绍尔群岛、密克罗尼西亚联邦和帕劳。

太平洋岛国所在区域战略位置重要。西北与东南亚相邻，西连澳大利亚，东靠美洲，向南越过新西兰与南极大陆相望。该区域还连接着太平洋和印度洋，扼守美洲至亚洲的太平洋运输线，占据北半球通往南半球乃至南极的国际海运航线，是东西、南北两大战略通道的交汇处。不仅如此，太平洋岛国和地区还拥有 2000 多万平方公里的海洋专属区，海洋资源与矿产资源丰富，盛产铜、镍、

---

[*] 原中国驻乌兹别克斯坦大使、中共中央对外联络部原副部长、全国政协外事委员会委员、中国人民争取和平与裁军协会副会长、聊城大学太平洋岛国研究中心名誉主任。

金、铝矾土、铬等金属和稀土，海底蕴藏着丰富的天然气和石油。近年来，该区域已经成为世界各大国和新兴国家战略博弈的竞技场。

太平洋岛国也是21世纪海上丝绸之路的自然延伸和亚太一体化的重要组成部分。中国同太平洋岛国的传统友谊和文化交往源远流长，早在19世纪中期就有华人远涉重洋移居太平洋岛国，参与了这一地区的开发。近年来，中国与太平洋岛国的合作日渐加强，在政治、经济、文化、教育等领域都取得丰硕成果。目前，中国在南太平洋地区拥有最大规模的外交使团。同时，中国在经济上也成为该地区继澳大利亚和美国之后的第三大援助国，并设立了"中国－太平洋岛国论坛"、"中国－太平洋岛国经济技术合作论坛"等对话沟通平台。2014年11月，中国国家主席习近平在斐济与太平洋建交岛国领导人举行集体会晤，一致决定构建相互尊重、共同发展的战略合作伙伴关系，携手共筑命运共同体，为中国与太平洋岛国关系掀开历史新篇章。

由于太平洋岛国地小人稀，且长期远离国际冲突热点，处于世界事务的边缘，因而在相当长一段时期被视为"太平洋最偏僻的地区"。中国的地区国别研究长时期以来主要聚焦于近邻国家，加之资料有限，人才不足，信息沟通偏弱，对太平洋岛国关注度较低，因此国内学界对此区域总体上了解不多，研究成果比较匮乏。而美、英、澳、新等西方学者因涉足较早，涉猎较广，且有充足的资金与先进的手段作支撑，取得了不菲的成果，但这些成果多出于西方国家的全球战略及本国利益的需要，其立场与观点均带有浓厚的西方色彩，难以完全为我所用。

近年来，随着中国融入世界的步伐不断加快，国际地位显著提高，中国在全球的利益分布日趋广泛。与越来越多的国家和地区进行友好交往并扩大互利合作，是日渐崛起的中国进一步参与全球化进程，开展中国特色大国外交的客观要求，也是包括太平洋岛国在内的国际社会对中国的殷切期待。更全面更深入的地区研究，必将为中国进一步发挥国际影响力，大步走向世界舞台中心提供强有力的支持。2011年11月，教育部向各高校下发《关于培育区域和国别以及国际教育研究基地的通知》和《高等学校哲学社会科学"走出去"计划》，希望建设一批既具有专业优势又能产生重要影响的智囊团和思想库。中共中央政治局委员、国务院副总理刘延东也多次提及国别研究立项和"民间智库"问题，鼓励有条件的大学新设国别研究机构。

在这种形势下，聊城大学审时度势，结合国家战略急需、区域经济社会发展需求及自身条件，在历史文化与旅游学院"南太平洋岛国研究所"的基础上，整合世界史、外国语、国际政治等全校相关学科资源，于2012年9月成立了"聊城大学太平洋岛国研究中心"。中心聘请中国现代国际关系研究院副院长、中央电视台国际问题顾问、博士生导师李绍先研究员等为兼职教授。著名世界史学家、国家级教学名师王玮教授担任中心首席专家。密克罗尼西亚联邦驻华大使苏赛亚等多位太平洋岛国驻华外交官被聘为中心荣誉学术顾问。在有关各方的大力支持下，中心以太平洋岛国历史与社会形态、对外关系、政情政制、经贸旅游等为研究重点，致力于打造太平洋岛国研究领域具有专业优势和重要影响的国家智库，力图为国家和地方与太平洋岛国进行政治、经济、社会、文化等领域的交流与合作，增进中国和太平洋岛国人民之间的了解和友谊提供智力支撑和学术支持，为国内的太平洋岛国研究提供学术交流与互

动的平台。

中心建立以来，已取得一系列可喜成绩。目前中心已建成国内最齐全、数量达3000余册的太平洋岛国研究资料中心和数据库，并创建国内首个以太平洋岛国研究为主题的学术网站及微信公众号；定期编印《太平洋岛国研究通讯》，并向国家有关部门提交研究报告；在研省部级以上课题8项。2014年，中心成功举办了国内首届"太平洋岛国研究高层论坛"，论坛被评为"山东社科论坛十佳研讨会"，与会学者提交的20余篇优秀论文辑为《太平洋岛国的历史与现实》，由山东大学出版社于2014年12月正式出版。《太平洋学报》2014年第11期刊载了中心研究人员的12篇学术论文，澳大利亚《太平洋历史杂志》（The Journal of Pacific History）对中心学者及其研究成果进行了介绍。这表明，太平洋岛国研究中心的研究开始引起国内外学术界的关注。

中心成立伊始，负责人陈德正教授就提出了编撰太平洋岛国丛书的设想，并组织了编撰队伍，由吕桂霞教授拟定了编撰体例，李增洪教授、王作成博士等也做了不少编务工作。在丛书编撰过程中，适逢社会科学文献出版社承担的中国社会科学院创新工程学术出版资助项目、"十二五"国家重点图书出版规划项目——新版《列国志》编撰出版工作启动。考虑到《列国志》丛书所拥有的品牌影响力和社会美誉度，研究中心积极申请参与新版《列国志》编撰出版工作。在社会科学文献出版社谢寿光社长、人文分社宋月华社长的大力支持下，中心人员编撰的太平洋岛国诸卷得以列入新版《列国志》丛书，给中心以极大的鼓舞和激励。为了使中心人员编撰的太平洋岛国诸卷更加符合新版《列国志》的编撰要求，人文分社总编辑张晓莉女士在编撰体例调整方面给予了诸多帮助。

在此一并致谢。

  因其特殊的地缘特征，太平洋岛国战略价值的重要性毋庸置疑，同时，在中国建设 21 世纪海上丝绸之路的过程中，作为中国大周边外交格局一分子的太平洋岛国的重要性也不言而喻。新版《列国志》太平洋岛国诸卷的出版，不仅可填补国内在太平洋岛国研究领域的空白，同时也为我国涉外机构、高等院校、科研机构及出境旅行人员提供一套学术性、知识性、实用性、普及性兼顾的有关太平洋岛国的图书。一书在手，即可明了对国人而言充满神秘色彩的太平洋诸岛国的历史、民族、宗教、政治、经济以及外交等基本情况。聊城大学太平洋岛国研究中心也将以新版《列国志》太平洋岛国诸卷的出版为契机，将太平洋岛国研究逐步推向深入。

CONTENTS

目 录

第一章 概 览 / 1

    第一节 国土与人口 / 1

    第二节 民俗与宗教 / 21

    第三节 特色资源 / 35

第二章 历 史 / 43

    第一节 古代史 / 43

    第二节 近代史 / 45

    第三节 现代史 / 49

    第四节 当代史 / 53

    第五节 著名历史人物 / 57

第三章 政 治 / 61

    第一节 国体与政体 / 61

    第二节 宪法 / 61

    第三节 选举与政党 / 64

    第四节 行政机构 / 67

    第五节 立法机构 / 72

    第六节 司法机构 / 74

CONTENTS
目录

第四章　经　　济 / 79

 第一节　经济概况 / 79

 第二节　经济制度与政策 / 81

 第三节　农业 / 85

 第四节　旅游业 / 91

 第五节　交通运输与邮政通信 / 94

 第六节　对外经济关系 / 101

第五章　社　　会 / 107

 第一节　防务与安全 / 107

 第二节　社会管理 / 109

 第三节　国民生活 / 111

 第四节　医疗卫生 / 120

 第五节　环境问题 / 126

第六章　文　　化 / 131

 第一节　教育 / 131

 第二节　文学艺术 / 137

 第三节　新闻媒体 / 141

CONTENTS
目 录

第七章 外 交 / 145

    第一节 外交简史 / 145

    第二节 与国际组织的关系 / 146

    第三节 与新西兰、日本、美国的关系 / 149

    第四节 与中国的关系 / 151

大事纪年 / 155

参考文献 / 157

索 引 / 163

＃ 第一章

概　览

第一节　国土与人口

地理位置　纽埃是南太平洋地区岛国，坐落于新西兰的东北方向，汤加群岛的东侧。纽埃岛的北端位于南纬18°95′，南端位于南纬19°17′，最东端位于西经169°47′，最西端位于西经169°58′，陆地面积仅有260平方公里。除此之外，纽埃还拥有约39万平方公里的专属经济区，[①] 主要包括纽埃所在岛屿周围的几个面积较大的珊瑚礁。这些珊瑚礁都属于暗礁，没有露出水面，没有形成可供人类居住的陆地。

纽埃的专属经济区中有四个较大的岛礁。第一个岛礁为贝弗里奇礁，位于纽埃岛东南方向约240公里的海洋中，其地理坐标为南纬20°00′、西经167°48′。贝弗里奇礁为环状珊瑚礁，南北长约9.5公里，东西宽约7.5公里，总面积约56平方公里。贝弗里奇礁的中央是一个水深11米左右的潟湖。第二个岛礁为安提俄珀礁，其地理坐标为南纬18°15′、西经168°24′，是一个直径约400米的近似圆形的平顶礁石，最浅的地方水深只有9.5米。第三个岛礁为

---

① http://www.fao.org/fi/oldsite/FCP/en/NIU/profile.htm.

哈兰礁，在纽埃岛东南方向294公里处，地理坐标为南纬21°33′、西经168°55′。第四个岛礁为阿尔伯特-迈耶礁，在纽埃岛西南方向326公里处，地理坐标为南纬20°53′、西经172°19′，长宽均为5公里左右，水深3米以上，但该礁目前在归属问题上仍存在争议，纽埃政府也没有正式宣布对该地区拥有所有权。[①]

纽埃的国土全部位于太平洋中的岛屿之上，因此又称纽埃岛，属于露出海平面的珊瑚礁岛，该岛位于正处于抬升过程中的世界第二大环形珊瑚礁岛群"波利尼西亚之礁"的西南部。通常所说的纽埃仅指纽埃岛，并不包括其周围的专属经济区。纽埃岛的地理位置相对比较孤立，距离其他国家和岛屿都非常远。新西兰位于纽埃岛的西南方向，距离纽埃岛约有2400公里。纽埃岛的东南方是库克群岛的拉罗汤加岛，两地相距约900公里。北方是美属萨摩亚的图图伊拉岛，二者距离约有550公里。与纽埃岛距离最近的是汤加王国的瓦瓦乌群岛，在纽埃岛的西侧，二者距离约480公里。

地形地貌　纽埃的国土是由太平洋中隆起的椭圆形珊瑚礁构成的，南北两端距离稍远，大约为27公里，东西两端距离略近，大约为18公里。总体而言，纽埃岛中央地区地势相对比较平坦，海拔最高的地方为68米。相对于其国土面积，纽埃的海岸线较长，总长约为65公里，但由于纽埃岛地势险峻，四周多为陡峭的石灰岩悬崖，布满了大大小小的石灰石岩洞，没有多少适合建设港口的地方，尤其不适合建造大型的深水港口。造成这种状况的原因是纽埃岛四周环绕着一圈珊瑚暗礁，暗礁的宽度从50米到70多米不等，不利于建设近岸港口，同时又缺乏保护性的礁石和潟湖。在纽埃岛

---

① http://en.wikipedia.org/wiki/Niue.

第一章 概览

的其他地方，地势非常险峻，船只基本无法靠岸。

纽埃虽然是岛国，但严重缺乏可供开发使用的海湾。纽埃只有两个可供开发的海湾，都位于纽埃岛的西海岸：一个是中部地区的阿洛菲海湾，另一个是该岛西南地区的阿瓦泰莱海湾，在阿洛菲海湾和阿瓦泰莱海湾之间是哈拉吉吉海岬。除此之外，阿瓦泰莱附近还有一个面积较小的半岛，被称为泰帕角。整个纽埃岛，只有西海岸中部地区首都阿洛菲附近的环岛珊瑚礁中有一个缺口，可供船只自由出入。纽埃最大的港口就建在首都阿洛菲附近，但也只能供小型船只出入。在阿洛菲港建成之前，抵达纽埃的货船只能停泊在离纽埃岛3公里之外的深水中，然后再利用小船向岛上运送货物。

纽埃岛险峻的地形是该地区海底几次规模较大的地质运动形成的。地质考察人员发现，纽埃历史上有两次非常重要的地质运动，基本上奠定了纽埃岛今天的地形。在较早的一次地质运动中，纽埃岛抬升了将近40米。目前纽埃的14个村庄全部坐落在该岛抬升后形成的相对平坦的地面上。在第二次规模较大的地质运动中，纽埃岛再次抬升了将近30米。从第二次地质运动以来，纽埃岛没有多大的变化。由于纽埃岛的主要构成成分是石灰岩，千百年来海水的冲刷造就了纽埃岛今天独特的地形。

地质考察人员发现，相对于第一次地质运动，第二次地质运动应该较为剧烈，发生的也比较突然。纽埃中央地区的高地比较平坦，但在边缘处有许多南北走向的峡谷，应该就是在第二次地质运动期间形成的。纽埃岛的多数峡谷地区地势险峻，不适合人类居住，但在纽埃人民的生活中具有十分重要的意义。峡谷中到处都是热带植物，谷底的淡水资源比较丰富，是当地居民非常重要的生活用水来源之一。纽埃岛的东部地区一处名为玛塔帕的狭长地带，宽

纽埃

约500米，到处都是峡谷，一直延伸进入大海，似乎要从岛上撕裂开来。但是该地区的峡谷中也有不少地方地势相对平坦，树木生长茂密，景色秀丽，成为纽埃的旅游景区，纽埃的一些村庄即建造于此地。[①]

纽埃岛的地表覆盖着一层石灰岩风化之后形成的土壤，土壤中铁、氧化铝、汞等金属的含量较高，因而呈红褐色。这种土壤多散布在崎岖不平的岩石中间。关于该地土壤的形成有两种不同的说法。有人认为纽埃岛没有经历过火山喷发，这种红褐色的土壤是珊瑚虫的遗体露出海面后经过多年的风化形成的。有人则认为，纽埃岛经历过火山喷发，地表土壤是海底火山喷发沉淀下来的物质抬升出海面后，又经过多年的风化形成的。地质考察人员发现，纽埃岛的土壤中含有 Th-230 以及 Pa-231 等放射性物质，这些放射性物质可能是12万年前海底的珊瑚露出海面后风化所致。有人猜测，火山喷发后，导致海水上涨，珊瑚骨质多孔，这些物质便存积在珊瑚多孔的体内，露出海面风化之后，便使放射性物质暴露在外。总体而言，该岛矿藏贫乏，缺乏开发价值。考察发现该岛类似的放射性物质含量非常低，因此并没有给当地居民的健康造成严重伤害。但世界卫生组织的统计发现，纽埃居民罹患皮肤癌的概率相对于其他地区偏高。根据纽埃政府2002年的工作报告，当年度去世的纽埃人当中，有2.5%的人死于皮肤癌。[②]

因为其独特的石灰岩地质，纽埃地表没有较大的河流，因此纽埃岛淡水资源严重短缺，几乎没有地表水。纽埃岛峡谷中的淡水资

[①] Stephenson Percy Smith, "Niue Island and Its People," *The Journal of the Polynesian Society*, 11.2 (1902).

[②] http://en.wikipedia.org/wiki/Niue.

源相对丰富，峡谷底部的淡水是纽埃人民生活用水的重要来源之一。水面通常高出海平面 20 米左右，但由于峡谷太深，提取起来非常困难，而且咸味较浓。除此之外，峡谷中的淡水很容易受到海水倒灌的影响，因此多不适宜日常饮用，纽埃居民主要用于洗衣、洗澡，但在干旱季节也用于人畜的饮用。除了峡谷中的淡水资源外，纽埃居民日常用水的第二个重要来源是雨季时收集起来的雨水。纽埃的屋顶构造非常独特，便于雨水的收集。每年雨季，纽埃居民都把雨水储存在专门建造的储水池中。纽埃岛降雨量较小，但其热带气候非常有利于农作物的生长。受此气候影响，纽埃岛上的椰子树数量较多，所生产的椰汁能在一定程度上解决纽埃居民的饮水问题。

气候 纽埃岛的气候属于热带海洋气候。由于地处信风带，加之受其地势影响，纽埃岛分旱季和雨季。每年 5 月到 10 月，共有 6 个月的时间，该岛受东南偏东信风的影响，降水较少，比较干燥，属于旱季，但这期间气温较低，平均在 23℃左右，人们会感到比较舒适。11 月至次年 4 月期间，纽埃迎来雨季，降雨量大，平均降雨量在 2000 毫米左右，但气温较高，气候湿热，平均气温在 27℃左右。[①]

总体而言，纽埃岛全年气候比较温和，月均气温在 18℃ ~ 29℃之间，温度和湿度相对适中，适合人居住。但是因纽埃岛位于南太平洋地区飓风带的边缘处，每年 11 月到次年 4 月也是纽埃一年当中台风、飓风爆发最为频繁的季节，纽埃岛因此经常受到飓风等自然灾害的影响。据统计，平均每隔七年，纽埃岛就要遭受一次

---

① http://en.wikipedia.org/wiki/Niue.

比较大的飓风袭击,这对当地的农作物和建筑物都造成了非常严重的损害,有时甚至是毁灭性的破坏,严重影响了纽埃的经济发展以及纽埃社会的稳定。

行政区划 纽埃国土面积较小,人口也非常少。根据2014年的统计,纽埃本土人口仅有1190人。① 2015年人口有所增长,根据2015年世界卫生组织的统计,纽埃2015年人口为2000人。② 目前,纽埃整个国家由14个村庄构成,但根据1899年的统计,当时纽埃岛只有11个村庄。③ 组成纽埃的这14个村庄主要分布在纽埃岛的西北部、东北部、西部中间沿海地区、西南部、东部沿海等几个地方。西北部的村庄包括希库塔瓦凯、图阿帕(又名乌奥莫图)、纳穆库卢;位于东北部的是穆塔劳、托埃;位于西部的是马凯富、北阿洛菲、南阿洛菲;位于西南部的是塔马考托加、阿瓦泰莱、瓦伊阿;位于东南海岸的是哈库普;位于东部的是利库、拉凯帕(又名塔玛拉格)。阿洛菲是纽埃的首都,纽埃所有的政府部门及中小学校都设在此处。

构成纽埃的14个村庄通常按南、北分为两大族群。北方族群在纽埃语中称为"摩图",包括马凯富、图阿帕、纳穆库卢、希库塔瓦凯、穆塔劳、托埃、利库、拉凯帕8个村庄。在这些村庄居住的人口约占纽埃总人口的三分之二。南方族群称为"塔菲提",包括哈库普、瓦伊阿、阿瓦泰莱、塔马考托加、南阿洛菲、北阿洛菲6个村庄,人口仅占纽埃总人口的三分之一,大都集中在首都阿洛

---

① https://www.cia.gov/library/publications/the-world-factbook/geos/ne.html.
② http://www.who.int/countries/niu/zh/.
③ Stephenson Percy Smith, "Niue Island and Its People," *The Journal of the Polynesian Society*, 11.2 (1902), p.85.

菲，仅阿洛菲就有全国近五分之一的人口。纽埃当地居民也不知道南北两个族群名字的由来，据说从古代以来就这么称呼。有研究显示，"塔菲提"本来是萨摩亚人送给斐济人的称号，和东波利尼西亚语里的"塔希提"意思相同。"塔菲提"人来到纽埃岛的时间比较晚，据说主要来自斐济群岛。"摩图"人则是在较早的时间来到纽埃岛的居民。南北两个族群历来矛盾重重，为了生活资料而不断发生冲突，并一直延续到欧洲殖民者带来基督教之前。目前两个族群居民之间关系比较融洽。

在纽埃历史早期，构成纽埃的14个村庄是相互独立的个体，不同的村庄及族群拥有不同的土地，也有不同的族群文化。随着欧洲殖民者陆续来到南太平洋诸岛，为了有效应对这一变化，1876年纽埃岛的14个村庄共同选举阿洛菲的首领马泰欧·图依托加为该岛的国王，建立了纽埃王国。自此以后，两大族群之间的隔离态势逐渐消失，慢慢地融合成为一个整体，原来的族群界限逐渐淡化了。[1]

经过英国、新西兰两个时期的政治托管，1974年纽埃脱离新西兰成立自治政府。自新西兰托管以来，一直到纽埃成立自治政府，纽埃一直实行议会制。议会的20名议员中，6名由普选产生，其余的14名则由14个村庄每个村庄选举1人产生，代表各个村庄行使管理国家的权力。为适应这一政府组织形式，1967年颁布的纽埃《村庄委员会法案》规定，纽埃的每个村庄就是一个独立的行政区，也是一个独立的选区。每个村庄都设有独立的村庄委员

---

[1] 刘风山：《纽埃的社会变迁及其民族、文化的迷失》，《太平洋学报》2014年第11期，第64页。

纽 埃

会，村庄委员会通过选举产生，设有 1 名主席，负责推荐 1 人为议会议员。村庄委员会由公共服务人员和其他服务人员组成，负责管理本村事务，代表社区利益，参与国家事务的管理，在国家事务方面代表整个村庄行使权力。在村庄委员会的监管下，每个村还可以组建更小的团体组织，如妇女组织、青年组织以及各种运动团体。

国旗　纽埃的国旗是在新西兰国旗的基础上设计而成的。国旗呈长方形，长宽比为 2∶1；底色为黄色，代表纽埃与新西兰政府之间悠久的历史渊源及深厚的友谊；左上角为英国国旗的基本图案，但在英国国旗图案内纵横两个红色条纹中增加了五颗黄色的五角星，以红色正十字条纹交叉点为中心，上下左右对称分布；十字图样中心的星星较大，配有蓝色底色，表示纽埃与英国的历史渊源。

国徽　1903 年纽埃正式由新西兰托管。1974 年获得政治独立后，纽埃成为新西兰的自由联合国家。作为新西兰的自由联合国家，纽埃国徽的主体也采用新西兰国徽的基本图样，标志着纽埃同新西兰的密切关系，但纽埃的国徽要比新西兰的国徽小。纽埃的国徽呈圆形，上半部分边缘用英文呈半圆状环绕书写着"PUBLIC SEAL OF NIUE"（意思为"纽埃公共印章"），底部则书写着"NIUE"（纽埃国名）一词。徽章上的主要图案和新西兰国徽上的图案基本一样：盾形的左上角为星星图案，象征纽埃；左下角的麦捆代表农业；右上角的羊表示畜牧业；右下角的斧头表示工业、矿业；中间的三艘帆船则表示海上贸易对于纽埃的重要意义。盾徽的右侧为手持武器的毛利人，左侧为手持国旗的欧洲移民妇女，上方为英国女王伊丽莎白二世加冕典礼时使用的王冠，表示英国女王同样也是纽埃的国家元首，下方为新西兰特有的蕨类植物，绶带上用英文写着"NEW

8

ZEALAND"（新西兰国名）。

国歌　纽埃的国歌名称为《天堂的主》。该歌曲在 1974 年正式成为纽埃的国歌，歌词大意为：

> 天堂上的君王，请您爱护纽埃，请您爱护纽埃！您和蔼的统治，您全能和蔼地统治在纽埃之上。纽埃之上！在纽埃之上！纽埃之上！在纽埃之上！您全能和蔼地统治在纽埃之上。您的统治在纽埃之上。

民族　在 1960 年之前，纽埃人的民族意识非常淡薄，纽埃人也没有自己独立鲜明的文化身份。[①] 自 1974 年脱离新西兰控制，成立自治政府以来，纽埃同外部世界的交流越来越多，纽埃居民的生活方式、世界观也因此发生了巨大的变化。纽埃在参与涉外工作、劳动移民、农业及商业交流等国际性活动的过程中，逐渐摆脱原来的村落限制，走向国家体制，其民族意识发生了根本性的转变。但由于纽埃本土自然条件、经济条件的限制，以及纽埃同新西兰之间亲密的合作关系，新西兰在纽埃社会生活中依然扮演着十分重要的角色。随着纽埃人大量移民新西兰，加之长期以来纽埃在经济上对新西兰的严重依赖，纽埃人民的民族意识自 21 世纪以来极大地淡化。[②] 尤其是移居新西兰的纽埃人在努力区分自己和新西兰白人及新西兰毛利人文化差异、身份差异的同时，也逐渐淡化了其纽埃的民族文化身份。

[①] http://www.citelighter.com/political-science/countries/knowledgecards/niue.
[②] 刘风山：《纽埃的社会变迁及其民族、文化的迷失》，《太平洋学报》2014 年第 11 期，第 65 页。

纽 埃

纽埃人原为波利尼西亚人的一支，但纽埃人和南太平洋岛国其他民族之间到底有何区别很难界定。根据人类学家的研究，波利尼西亚人具有密克罗尼西亚人和巴布亚人的血统。史蒂芬森·帕西·史密斯认为，纽埃人最早可能是从斐济移民而来的。[①] 从其外貌来看，纽埃人的鼻子宽平，嘴唇较薄，头发稍微卷曲，和密克罗尼西亚人比较蓬松的头发有所不同。相反，纽埃人却与距离较远的夏威夷群岛和复活节岛上的居民、纽埃岛西北方向的诺库鲁居民以及新西兰土著居民毛利人的长相比较相似。

近百年来，在同西方国家进行政治、文化、经济交流的过程中，一部分纽埃人具有了欧洲白人的血统。但总的来讲，纽埃人依然保留着其明显的民族特色，性格开朗，行动敏捷，肤色多为浅棕色，略呈古铜色，身材比较好看，即使年龄较大的纽埃人也很少弯腰驼背。纽埃人的头发多为黑色，但略带有一点棕色，有些人发色有点发红，和毛利人的头发十分相似，多为直发或略卷曲。偶尔也能看到秃顶的纽埃人，但非常少见。过去，纽埃女性多留短发，男性头发却较长。当前情况正好相反，男性头发较短，而女性则喜欢留长发。和其他地方一样，上了年纪的纽埃人的头发也会变成灰白色。纽埃人的另一个民族传统是男性很少留胡须。同其他波利尼西亚人一样，纽埃人眼睛较大，眼睛的颜色从深黑色到淡棕色各不相同，女人和儿童眼睛的颜色稍微柔和些。

整体而言，纽埃男性虽算不上英俊，但比较机智、性格开朗；女性比较漂亮，通常非常文静。同毛利人相比，纽埃女性有一个非

[①] Stephenson Percy Smith, "Niue Island and Its People," *The Journal of the Polynesian Society*, 11.3 (1902), p. 164.

常明显的特点，就是嘴唇和欧洲女性一样，比较薄。相反，毛利人女性的嘴唇却偏厚。一些人类学家经研究认为纽埃人是密克罗尼西亚人的后代，其长相却和其密克罗尼西亚血统相矛盾。纽埃人中也有肤色较浅的人，通常被认为是纽埃人的守护神屠的后代。传说中的守护神屠就是肤色较浅的人，然而肤色较浅并不符合纽埃人的审美标准。

纽埃是一个热爱和平、崇尚美好事物的民族。相传，纽埃人的祖先最早是在1000多年以前从汤加、萨摩亚和库克群岛陆续迁来的，其生活方式与周围其他波利尼西亚人相近。居住在沿海地区的纽埃居民，主要从事农业活动，种植芋薯、果树等。根据史蒂芬森·帕西·史密斯以及爱德华·列奥博等人的研究，由于纽埃自然条件恶劣，食物匮乏，纽埃不同族群之间经常为了争夺食物而互相打斗，身强力壮的人可以在打斗胜出后成为族群的首领。[1] 然而，在现代社会，纽埃是遵纪守法、热爱和平的民族，甚至背叛他人、赌博在纽埃都被视作违背道德的事情。

纽埃人非常热爱体育运动。随着与世界各国的交流日益频繁，各种体育运动项目逐渐地从英国、新西兰等国引入纽埃。岛上居民经常以村为单位，举办体育比赛，既强健了身体，丰富了纽埃人的生活，也在很大程度上保持了纽埃社会的安定。按照爱德华·列奥博的研究记录，二十世纪上半叶纽埃的犯罪率极低，很少有重大犯罪案件发生，当前的纽埃依然如此。纽埃比较常见的违法案件主要包括通奸、打架斗殴、偷窃等违背道德规范的事情。针对类似的违法行为，纽埃政府通常采用劳役、罚款等形式进行惩治，以达到对

---

[1] Edward M. Loeb, *History and Traditions of Niue*, Honolulu: The Museum, 1926, p.45.

纽 埃

相关人员进行约束、改善社会风气的效果。① 在氏族社会时代,纽埃人以能够占有其他族群的财物作为其家族的荣耀,在欧洲白人殖民者到来之前,纽埃氏族对其他族群盗贼的惩罚非常严厉,通常是处死,但当今的纽埃已杜绝这种严酷的惩罚制度。②

纽埃居民中,以本国的居民为主。这是因为纽埃人具有比较强烈的排外意识,外来人员很难在纽埃定居。但是近些年来,也有不少来自附近其他岛国的移民通过与当地人结婚,而获得长期居住纽埃的权利。此外,近几年,为了寻找工作、获得更好的教育以及海平面上升导致家园消失等原因,来自汤加、图瓦卢、托克劳(新)等国家和地区的不少外国移民陆续在纽埃定居。

人口 纽埃本土的人口数量一直保持非常低的水平,尤其自二十世纪七十年代以来,纽埃人口数量下降非常明显。根据世界卫生组织的统计,纽埃人口最多的时候是1966年。1966年纽埃的人口一度达到5194人,但随后迅速减少,到目前一直维持较低的水平。1986年纽埃本土人口为2531人,1991年减少到2322人,1997年为2088人,2001年急剧减少到1788人,2006年为1625人,而到2010年统计时则只有1496人,2013年仅有1000人。③ 截止到2014年7月,纽埃人口略有增长,但也仅仅为1190人。2001年新西兰政府的国家人口统计显示,当年定居新西兰的纽埃人高达20148

---

① Edward M. Loeb, *History and Traditions of Niue*, Honolulu: The Museum, 1926, p. 46.
② Edward M. Loeb, *History and Traditions of Niue*, Honolulu: The Museum, 1926, p. 47.
③ 参见 *Niue 2001 Census of Population and Housing Report*, Economic, Planning, Development and Statistics Unit. September, 2001; *Niue Population Profile Based on 2006 Census of Population and Housing*, Economics, Planning, Development & Statistics Unit, *SPC Statistics and Demography Programme*, Noumea: New Caledonia, 2008; *Niue Population Profile Based on 1997 Census*, Secretariat of the Pacific Community, Noumea: New Caledonia, 1999。转引自 http://www.statoids.com/ynu.html。

人，这些人当中有80%左右居住在新西兰的奥克兰地区。[1]

概括起来，纽埃先后经历过四次规模较大的本国居民移民海外的浪潮。十九世纪中期的劳工贸易曾使许多纽埃人离开纽埃岛，移民萨摩亚、南美洲国家以及塔希提岛，纽埃岛一度成为"女人岛"。[2] 二十世纪二十年代，在新西兰统治期间，纽埃迎来了它的第二次移民浪潮。纽埃人散布于南太平洋地区各个岛国，随后又大量移民新西兰。二十世纪二三十年代席卷全球的经济危机一度减缓了纽埃人口移民海外的速度，但四十年代新西兰政府提供的就业机遇促成了纽埃历史上规模最大的一次移民。此次移民规模之大，除了人数众多之外，其最大的特点就是通常纽埃居民全家移民新西兰。[3] 1971年航空运输开通以后，纽埃人移民海外的速度空前加快，纽埃又迎来了历史上的一次"移民风潮"。[4]

造成纽埃人口数量逐渐减少的主要原因是纽埃人大量移民新西兰。纽埃人移民新西兰有各种各样的原因，其中最主要的原因是纽埃本土缺乏发展经济，甚至日常生活所必需的自然资源。各种资源匮乏，自然灾害频发，加之地理位置过于孤立，在纽埃维持生活需要付出非常大的努力，这一切使得纽埃人更向往新西兰等国富有、开放、安定的现代生活。移民新西兰，既能满足对安逸生活的追

---

[1] 刘凤山：《纽埃的社会变迁及其民族、文化的迷失》，《太平洋学报》2014年第11期，第67页。

[2] John Connell, "Migration, Employment and Development in the South Pacific," *Country Report*, No. 11, Niue, 1983.

[3] John Connell, "Niue: Embracing a Culture of Migration," *Journal of Ethnic and Migration Studies*, Vol. 34, No. 6 (2008).

[4] A. C. Walsh and A. Trlin, "Niuean Migration: Niuean Socio-Economic Background, Characteristics of Migrants, and Settlement in Auckland," *The Journal of the Polynesian Society*, Vol. 82, No. 1 (1973).

求，也能满足为子女寻求更好教育的需求。纽埃人口减少还有一个非常重要的原因。1974年纽埃脱离新西兰，成为独立的政治自治国家，但还需要依靠新西兰的经济援助，在相当程度上可视为新西兰政治及社会的延伸。新西兰法律允许纽埃人同时具有新西兰国籍，纽埃政府也允许纽埃国民拥有新西兰国籍。此外，新西兰政府设立了一个5000万新西兰元的信托基金，新西兰的每个居民每年都可以从新西兰政府得到11000新西兰元的津贴，纽埃移民也可以获得这种津贴。因此，移居新西兰的纽埃人得以把一部分津贴寄回纽埃供养家人。这些都为纽埃人移民新西兰提供了便利，而且移民新西兰的纽埃人还能够为驻守纽埃的家人提供资金帮助。尤其是1971年纽埃周边国家开通国际航班以来，这一现象更加普遍。为了发展本国经济，纽埃政府曾试图通过吸引外资、开办国内企业、提高就业机会等手段，控制移民浪潮，但移民问题并没有得到很好的控制。

除了新西兰丰厚的经济诱惑以及纽埃本土艰苦的生活条件之外，纽埃人移民海外还有另外一个不可忽略的原因。根据A.C.沃尔施和A.D.特里林的研究，① 甚至在纽埃政治独立之前，纽埃政府就希望纽埃人留在本土，但纽埃政府的相关就业政策又迫使本国人民离开纽埃本土，前往新西兰。当然，也不可能吸引已经离开纽埃的人回国，因为纽埃政府更倾向于聘用在本土接受教育或者培训的人到政府部门工作，在国外接受教育的人不符合纽埃政府对人才的需求，他们所学到的知识在纽埃没有用武之地，即使

---

① A. C. Walsh and A. D. Trlin, "Niuean Migration: Niuean Socio-Economic Background, Characteristics of Migrants, and Settlement in Auckland," *The Journal of the Polynesian Society*, Vol. 82, No. 1 (1973), pp. 47 – 85.

回国也找不到工作，因而选择留在国外。从工资待遇方面来看，在政府部门工作的人的工资待遇远远高出其他部门人员，从事农业或在其他行业工作则在收入上与这些人员差距悬殊，这也是纽埃人移民海外的重要原因。沃尔施和特里林对1956～1971年纽埃移民的分析研究显示，纽埃的14个村庄当中，西海岸村庄移民的数量远远超过东海岸几个村庄移民的数量。另外一个现象就是，由于纽埃人家庭意识很强，通常全家移民海外。这一切都对纽埃人口的急剧减少起了非常重要的作用。纽埃人移民海外的原因见表1-1。

表1-1　纽埃人移民海外原因调查

移民原因	占总移民人口的百分比(%)
完全是家庭原因	62.1
寻找工作	15.5
往返新西兰	8.6
原因不明确	13.8
总　　计	100.0

资料来源：A. C. Walsh and A. D. Trlin, "Niuean Migration: Niuean Socio-Economic Background, Characteristics of Migrants, and Settlement in Auckland," *The Journal of the Polynesian Society*, Vol. 82, No. 1 (1973), p. 79. 调查表所选移民样本为1971～1972年移民新西兰的纽埃人。这一数据依然适用于今天的纽埃。

纽埃居民大规模移民海外的影响是多方面的。首先，本国的经济水平较低促使越来越多的纽埃人移居海外，纽埃人移民海外又造成本土劳动力资源短缺，加上纽埃本土自然资源短缺，反过来又严重影响了纽埃本土经济的发展，乃至社会结构的稳定，形成了恶性循环。其次，大量的国民移居海外严重地影响了纽埃本土人口的繁

育能力，最终导致纽埃本土人口老龄化问题日益严重。① 这对于纽埃未来的生存与发展将是巨大的挑战。最后，纽埃人移民海外最主要的影响，还是它对纽埃整个民族文化意识及身份认同感的消磨。法农认为，殖民行为是一种创伤记忆，最终会改变一个民族的生态经济和文化现实，其结果是可以预料的。② 法农这里所说的"殖民行为"是当代政治独立的前殖民国家所经历的后殖民行为。纽埃在同以新西兰为代表的西方国家全方位交流的过程中，不可避免地经历了人口流散与文化解体等问题，其结果和美洲土著印第安人的遭遇相同，而且这种影响极广，持续的时间极长，最终形成久远的精神与文化创伤。③ 当然，这不仅是纽埃的问题，也是南太平洋地区岛国所普遍面临的困境。

根据纽埃政府对纽埃人口分布情况统计，截止到2015年6月底，全国国内居住人口为1626人，全国总人口为1758人，其中南阿洛菲人口总数居全国第一位，占全国总人口的24.9%。哈库普人口总数居全国第二位，占全国总人口的11.4%；北阿洛菲居第三位，占10.1%。人口最少的是托埃，只有35人。截止到2015年6月底，纽埃全国旅居海外的人口为132人，其中仅南阿洛菲旅居海外的人口就占纽埃旅居海外总人口的35.6%。统计显示，旅居海外的人口主要为在海外求学的学生，其他人员主要在国外就医或从事外事工作。2015年塔马考托加村人口增长速度最快。相比

---

① J. C. Barker, "Home Alone: the Effects of Out-Migration on Niuean Elders' Living Arrangements and Social Supports," *Pacific Studies*, Vol. 17, No. 1 (1994).
② F. Fanon, *The Wretched of the Earth*, Grove Press, 1968, p. 98.
③ Michael Salzman, "The Dynamics of Cultural Trauma: Implications for the Pacific Nations," in Anthony J. Marsella, et al. (eds), *Social Change and Psychosocial Adaptation in the Pacific Islands: Cultures in Transition*, New York: Springer, 2005, pp. 28 – 51.

2014年，2015年南阿洛菲、希库塔瓦凯、北阿洛菲、图阿帕四个村庄的居住人口出现负增长，其中南阿洛菲居住人口减少最多，为17人。具体见表1-2。

表1-2　2015年纽埃人口情况统计

村庄名称	2014年人口分布	2015年人口分布				
^	^	国内居住人口	旅居海外人口	该村总人口	总人口占全国人口比率（%）	海外人口占全国海外总人口比率（%）
南阿洛菲	408	391	47	438	24.9	35.6
北阿洛菲	163	159	19	178	10.1	14.4
马凯富	65	66	3	69	3.9	2.3
图阿帕	117	115	14	129	7.3	10.6
纳穆库卢	11	12	0	12	0.7	0
希库塔瓦凯	49	44	7	51	2.9	5.3
托埃	31	33	2	35	2	1.5
穆塔劳	93	94	7	101	5.7	5.3
拉凯帕	66	66	6	72	4.1	4.5
利库	77	77	7	84	4.8	5.3
哈库普	183	191	9	200	11.4	6.8
瓦伊阿	109	111	0	111	6.3	0
阿瓦泰莱	126	129	4	133	7.6	3
塔马考托加	129	138	7	145	8.2	5.3
总人口	1627	1626	132	1758		

资料来源：纽埃政府官方网站，http://www.niuegov-premiersoffice.com/uploads/3/1/8/2/31826071/population_estimate_june_quarter.pdf。

纽埃国土面积不大，但由于其人口较少，人口密度极低，平均每平方公里土地上的人口数量只有6人左右，而且分布极度不均，有1/3的人生活在较大的村镇里面，尤其是首都阿洛菲。根据2015年纽埃政府统计，纽埃本土的人口构成中，19岁以下的人口

17

纽 埃

数量占到纽埃人口总数的32%，60岁以上的老年人占到纽埃人口的19%（见图1-1）。根据世界卫生组织2013年的统计，纽埃人口的平均寿命女性为78岁，男性为72岁；人口出生率不高，为20.1‰，但死亡率较低，平均为7.8‰。据统计，15岁以上的纽埃人当中，50%以上的人已经结婚，30%多的人从未结婚，其余的人丧偶或者离婚独居。男性居民中在20~24岁结婚的占78.2%，女性居民中在20~24岁结婚的占60%。[①]

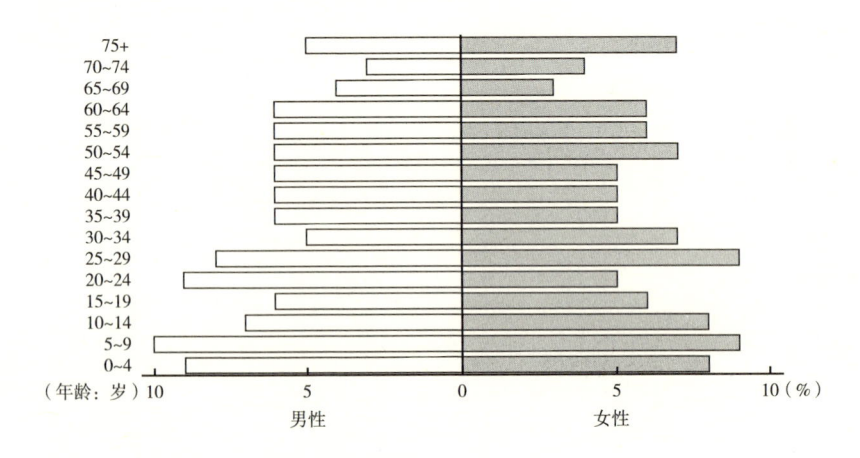

图1-1 2015年纽埃人口性别、年龄分布情况

资料来源：纽埃政府官方网站，http://www.niuegov-premiersoffice.com/uploads/3/1/8/2/31826071/population_ estimate_ june_ quarter. pdf。

纽埃人口变化有两个倾向：一是纽埃本土的人口虽然基本稳定，"自纽埃独立以来，人口基本呈逐年减少的趋势，但随着近几年纽埃政府的政策调整，2014年以来人口数量又有所增加，但总量不大"。二是移居新西兰的纽埃人中以青年人居多，留守纽埃本

---

① http://www.wpro.who.int/countries/niu/en/.

土的多为老年人，或者说纽埃老年人中移民海外的比例较小。自 1970 年以来，每五年一次的人口普查显示，纽埃本土人口总体呈减少趋势，婴儿出生率也急剧下降，人口老龄化问题十分严重。根据 2001 年的人口普查结果，纽埃本土每个家庭的平均人口是 3.4 人，只有 1 个人或 2 个人的家庭较 1997 年明显增加，3 个人以上的家庭数量明显减少。这一现象在当今的纽埃依然存在，而且非常普遍。随着近年来新西兰政府用于资助纽埃的财政资金严重压缩，这一现象将会更加明显。

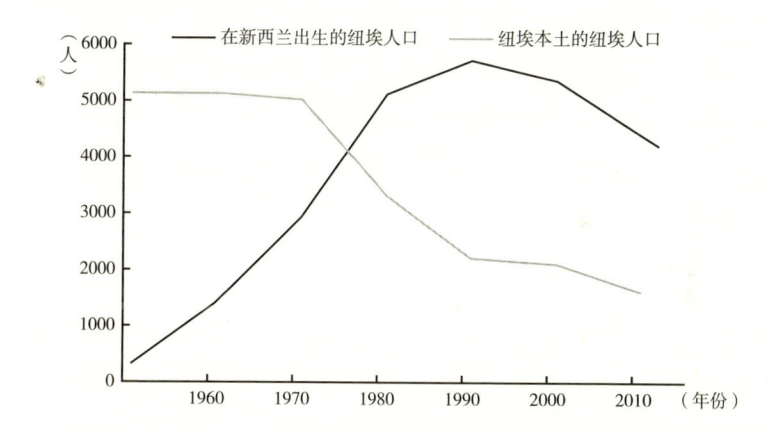

图 1 - 2 1951～2013 年在新西兰出生的纽埃人口与纽埃本土人口对比

资料来源：新西兰政府官方网站，http://www.teara.govt.nz/en/interactive/2926/niuean-born-people-in-new-zealand-and-niue-1951-201113。

20 世纪 50 年代末，纽埃本土人口有 5100 人，1966 年人口数量最高，曾一度达到 5194 人。1971 年，纽埃与新西兰之间开通了航线，纽埃本土和新西兰之间的人员交流逐渐频繁。1974 年，纽埃独立，更多的纽埃人为了保留他们的新西兰国籍，移民新西兰，导致纽埃本土人口数量大幅下降，2003 年降至 1700 人左右，也有

纽 埃

统计数据显示仅有1300人。2004年遭受飓风袭击之后，更多的纽埃人移民新西兰。相反，在新西兰定居的纽埃人逐年增加，1991年为14424人，2013年则高达23883人，他们当中80%以上在新西兰出生。纽埃海外移民有一个明显的特征，以青壮年为主。这些人移民海外，主要是为了获得新西兰等国更好的教育，或者为了获得收入更高的工作。

青壮年人口大规模移民海外，加之纽埃本土人口的老龄化，势必影响纽埃本土经济的发展以及纽埃社会结构的稳定，纽埃已成为全球人口最不稳定的国家之一。但由于新西兰政府的财政援助，纽埃留守居民的生活远在全球贫困线之上，而且全国居民还可以享受免费的教育、医疗、网络服务。尽管如此，为了寻求更好的生活，获得更好的就业机会，也为了子女获得更好的教育，纽埃人移民海外的趋势依然非常明显，几乎每一个纽埃人都有亲戚在海外定居，几乎每个成年人都在海外停留过一段时间。[1] 为了维护传统的家庭及宗族观念，不少纽埃人通常是全家移民，有时甚至是全村移民。

土地曾是过去的纽埃人世世代代为之奋斗、誓死捍卫的神圣财产，但为了获得更加便利的生活，他们必须做出决定，放弃纽埃本土的土地所有权。对于留守纽埃的人而言，为了维系家族的命脉，他们不得不努力工作，照顾他们的土地、房屋，承担着海外移民所不能承担的社会责任。但是全家甚至全村移民后，留下来的纽埃人所面对的不仅是纽埃岛众多空置的房屋，而且是时刻感到的精神空虚与幻灭感。除此之外，缺乏必要的专业人员，各种社会活动无法

---

[1] E. Douglas, "New Polynesian voyagers: visitors, workers and migrants in New Zealand," in R. M. Prothero and M. Chapman (eds), *Circulation in Third World Countries*, London: Routledge and Kegan Paul, 1985, pp. 415 – 435.

正常举行，教会人数也越来越少，势必造成纽埃本土民族文化的日益萎缩。

语言 纽埃人主要使用纽埃语。纽埃语与汤加语、萨摩亚语十分相近，同属南太平洋语系波利尼西亚语族。如前所述，纽埃南北两大族群来自不同的地区，因此纽埃南北两地人的语言在单词发音、词语拼写方式上也略有不同。[①] 纽埃人多数为双语使用者，纽埃语多用于家庭成员和村民内部的交流，目前纽埃政府把纽埃语作为其民族文化的重要组成部分，正努力通过词典编纂、学校教授纽埃语等方式保护这一民族语言。英语是纽埃人对外交流的语言，目前为纽埃的官方语言，移居新西兰的纽埃人多使用英语。在纽埃海外移民当中，还有一个现象不容忽视，不少纽埃移民的后代由于在新西兰出生，在新西兰长大，使用的是新西兰的英语，接触的是新西兰的文化，不会使用纽埃语，不了解纽埃本土的民族文化，这对纽埃的民族文化属性势必会造成较大的负面影响。

第二节 民俗与宗教

传统习俗 在欧洲探险者到达纽埃之前，纽埃没有保留下来任何记录纽埃的民俗发展历史的书面材料。在英国政府宣布正式对纽埃实行政治托管以来，有关纽埃民族及其文化的书面资料才开始出现，但数量极少，且多保存于新西兰等西方国家。现存的各种资料多为纽埃人世代口头传授记录下来的，缺乏系统性。独立后的纽埃政府在阿洛菲建造了博物馆，收集了一些有关纽埃民俗与民族文化

---

① http://www.citelighter.com/political-science/countries/knowledgecards/niue.

纽 埃

的资料，但不幸的是，2004年1月飓风"赫塔"袭击纽埃，摧毁了几乎所有的藏品，纽埃的民族文化建设几乎是遭受了毁灭性的打击。①

在欧洲殖民者到来之前，纽埃居民多采用氏族社会的生活模式，不同族群之间经常发生战争。他们通常生活在岩石洞穴或者堡垒中躲避敌人，保护自己。早期的纽埃居民采用自给自足的生活方式，擅长制作长矛、大棒、石刀等打仗用的武器，女人则擅长编织束带，绑在士兵腰间用来携带作战武器和食品，或用鹦鹉的羽毛编织束带，用于作战双方士兵能够分清彼此。②

1846~1849年期间，萨摩亚传教士进入纽埃，把基督教带入纽埃。1861年英国传教士进入纽埃，开始在纽埃传播基督教，也标志着纽埃进入了由英国政府殖民的历史时期。基督教的传入改变了纽埃人的生活方式，人们开始从山洞中走出来，建造房屋，不同的族群之间相互争斗的事情也日渐减少，村庄随之出现。同时也出现了基督教教堂和用纽埃语言写成的《圣经》。除了传播宗教教义，英国传教士也向当地居民传授现代人的生活方式以及许多现代工艺和艺术，比如建造石屋、缝制衣服、烹饪食品、舞蹈、哼唱歌曲等。女人学会了编织，并开始出售自己编制的手工制品；男人学会了雕刻与建造房屋。西方现代社会的社会观念、家庭观念、生活方式等在纽埃也已基本形成。

在婚姻方面，作为波利尼西亚人的后裔，纽埃人保留着其祖先

---

① 关于纽埃传统习俗的内容主要参见 Stephenson Percy Smith, "Niue Island and Its People," *The Journal of the Polynesian Society*, 11.4 (1902), pp. 203–210。
② 根据史蒂芬森·帕西·史密斯的研究，如果一方酋长把羽毛束带送到敌人跟前，表示他愿意求和，停止战争。

第一章 概览

的一个传统，即女孩结婚较早。在过去的纽埃，通常是由家庭里的长子负责为其姐妹选择丈夫，女孩没有选择权；如果是男孩，则由父母陪伴着到女孩家中求婚。婚约确定后，男孩家的弟兄、朋友为其安排婚礼。纽埃还有一个与此相关的习俗，甚至今天在纽埃的某些村庄中依然延续。过去的纽埃，族群之间为了争夺纽埃岛上有限的生活资源，经常打斗。族群力量的强弱决定生活质量的高低。为了寻求庇护，有些家庭会选择同有权势、有地位的家庭联姻，当然没有权势的一方需要向对方提供相应的服务。比如，酋长或族长家的女儿通常会选择地位较低的人家的男孩作为丈夫，这样一来，她们就可以凭借其家族的优势地位对丈夫发号施令。当然，这种相互利用而结成的婚姻，导致纽埃的通奸问题比较普遍，甚至今天依然是纽埃社会一个常见的现象。通奸在纽埃并不是一件十分令人尴尬的事情，女人认为这是因为自己漂亮、有魅力，而她们的丈夫则认为这是因为自己有品位，娶了漂亮、有魅力的妻子。

过去的纽埃实行一夫多妻制，家庭成员通常较多。随着一夫一妻制的实施，大家庭在今天的纽埃已很少见。纽埃的现代家庭中，男性尤其是年轻男性，通常需要担负家庭中比较繁重的体力工作，或者比较危险的工作，例如到远海捕鱼等。女性通常负责家务，照顾老人、幼子，洗衣、做饭，编织饰品、缝制衣物等。年龄大的人或受过教育的年轻人则代表家庭参加村庄的集体活动，参加社会服务工作，或提供宗教事务方面的服务。

纽埃人在育儿方面也独具特色。在以前的纽埃，孩子出生以后，人们通常将脐带埋在某个地方，以表示人与土地的关系，暗示让新生的婴儿获得某些特有的权利。孩子出生几天后，会举行一个类似成人割礼的仪式，和西方基督教国家的洗礼仪式十分相似，但

23

纽 埃

这一仪式在纽埃并没有多少实质性的意义。新生婴儿会被放在地上，身上盖着当地特有的树皮，家庭里年长的人模仿割礼的动作，但实际上并不触及孩子的身体。毛利人也保持着这种仪式。这一传统源于纽埃人对于守护神塔奈的信仰。纽埃人认为，树木是人类的父母，在妇女怀孕期间，家人会垒砌石灶，烹制树根当作食物，相信孕妇吃了这种食物以后，孩子才会健康成长；孩子出生后不久，则身盖树皮举行割礼，蕴含着父母子女世代传承的寓意。

纽埃还有一种传统仪式，夫妻的第一个孩子出生后，先将婴儿在清水中洗浴，然后由族长抚摸孩子的身体或者在其口中放入甘蔗等食物，并念诵祷文，祝福孩子健康、睿智、善良、平安。这种仪式通常只用于男孩，而对于女孩，族长在祈祷中通常祈求她掌握某种技艺，长大后能够编织漂亮的床垫、漂亮的发辫，会编织箩筐，会用鹦鹉的羽毛编织花环，会加工处理山芋、甘薯等作物，会烹制食物，等等，这些都是与日常生活有关的能力。这也体现了纽埃男耕女织的社会传统。

古时的纽埃还有一个习俗。战争期间，由于妻子通常和丈夫一起出征，无人照料孩子，他们通常把孩子丢到海里淹死。纽埃东北角靠近穆塔劳村的托奥就是过去纽埃人丢弃孩子的地方。这种情况在昔日生活比较艰苦的年代也时常发生，尤其是在灾荒期间。但从基督教传入纽埃以后，这种现象就得到了根除。[①] 在今天的纽埃，幼儿主要由母亲照顾，但祖母也提供帮助。如果是长孙，祖母照顾的时间可能会更多，她会在育儿方面给予新生儿母亲全面的指导。

---

① Stephenson Percy Smith, "Niue Island and Its People," *The Journal of the Polynesian Society*, 11.4 (1902), p. 205.

幼儿长到一岁以后，家人则开始训练其社会交往能力，父亲在孩子养育方面的投入逐渐增加。养育孩子是家庭所有人的责任与义务，整个家庭的任何成员，包括年龄稍大的子女，都应该为年幼的家庭成员提供食物、衣物、关爱，也包括对其进行教育。

当代纽埃有非常独特的成人礼。纽埃的男孩从出生那天起，就有蓄长发的习惯。等他长到10多岁的时候，扎成长辫的头发就会被剪掉，表示他已成人。这是纽埃男孩生活中的一个非常重要的仪式。举行仪式那天，家人举办盛宴，亲朋好友都会应邀参加聚会，并赠送贺礼，这在一定程度上展现了纽埃人的家庭意识、财富、地位。男孩的家人则提供丰盛的食物作为回报，同族人则通常会提供猪肉、鱼类、山芋、甘薯、牛肉等生食。除去举办仪式的各种费用，剩下的礼金通常由男孩自己保管。纽埃女孩的成人礼和男孩十分相似，但女孩举行的是穿耳仪式。女孩长到10多岁后，由人在其耳朵上扎孔，戴上耳饰，以示成年。举办仪式的时候，女孩父母双方家族各派一名代表参加，并赠送礼物，祈祷女孩拥有美好的未来。纽埃人21岁生日、结婚、大学毕业以及其他社区仪式都没有这个年龄的成人仪式那么隆重。在举行成人礼仪式时，人们通常就地生火烹制食物进行庆祝，活动之后，客人也可以把未吃完的食物带走。[1]

疾病与死亡 纽埃人对于疾病有着独特的反应，自古以来就对疾病有一种无名的恐惧感。十八至十九世纪，在欧洲人进行海上探险的时代，纽埃人抵制詹姆斯·库克船长和约翰·威廉姆斯在纽埃岛登陆，其中一个主要的原因就是纽埃人害怕外来者会带来疾病。

---

[1] http://www.citelighter.com/political-science/countries/knowledgecards/niue.

纽 埃

历史记载显示，欧洲殖民者到来以后，纽埃的确遭受过几次比较严重的瘟疫。受此影响，纽埃人在很长一段时间内拒绝同外界交流。[①]

由于其独特的宗教信仰，尤其是由于纽埃人信仰灵魂转世的传说，他们对死亡的恐惧感比其他的波利尼西亚人对死亡的恐惧感要小。但同其他波利尼西亚人一样，纽埃人也相信人类死后灵魂的存在，都认为善良的人和坏人死后所去的地方截然不同，好人进入天堂，坏人则进入地狱。地狱在纽埃语中被称作"坡欧"，据传是黑暗之地，是太阳落入的地方，但它是纽埃西部居民的精神家园，据说人死后将来到这里安息。天堂在纽埃语中被称为"阿霍－诺亚"，除此之外还有另外一种称呼，叫作"摩图－亚－西纳"，这是天堂的第二层，和阿霍－诺亚不同。纽埃人自称和摩图－亚－西纳具有非常密切的关系。

在纽埃，人死以后，其家人为之举行哀悼仪式，类似中国传统的守灵，死者所有的亲朋好友都前来吊唁。之后，死者的尸体会被放在铺有草垫的地面上，由亲人守候并查看第一个爬到尸体上面的小动物。纽埃人认为第一个爬到死者尸体上的动物，例如各种小昆虫等，通常被认为是死者的灵魂。然后，尸体再被包裹起来埋掉。在过去，死者家人通常利用可可树的树枝搭建简易棚子，持续几天哀悼亡灵。几天后，尸体被运往附近洞穴或峡谷中处理掉。通常每个家族都有一个固定的墓地，而这个地方通常被当作家族的圣地。有的时候，死者的尸体会被丢入大海，或被放到小舟中飘入大海，进行海葬。邻国斐济人也采用这种海葬的形式处理死者遗体。有意

[①] 刘风山：《纽埃的社会变迁及其民族、文化的迷失》，《太平洋学报》2014年第11期，第64页。

第一章 概 览

思的是，纽埃人过去惩罚盗贼时，也采用这种方式。

纽埃在安置死者方面还有一个传统。与死者关系比较近的亲属经常会被其远亲痛打一顿，以示失去亲人的悲痛与惋惜，暗示由于死者亲属疏于照顾亲人而使其丧生。尽管纽埃人相信灵魂转世的传说，不少人却害怕死者的灵魂会回来骚扰他们。在现代纽埃，人们通常会在死者的坟墓里面放上一块大石头，暗示阻止死者的灵魂返回家里。同时，家人还会把死者生前最喜欢的东西和死者一起埋葬，期望死者能在天国里依然使用这些东西。如果死者是女性，就连她们生前用的缝纫工具也一同埋葬。今天的纽埃人通常选择在珊瑚石悬崖边或者斜坡上建造坟墓，因此到纽埃的人经常会在悬崖边的道路两旁看到坟墓。除此之外，纽埃人还经常在亲属死后更改自己的名字，而新名字又通常和死者的死亡相关，尤其和他们的死因相关。[1] 旧时的纽埃，年龄较大的人通常会要求后代将自己勒死。当然，这种传统在当代社会早已经被废止。

食物 作为纽埃民俗文化的一部分，纽埃的食品也颇具特色，许多都和当地盛产的可可有关。纽埃当地一种比较有代表性的传统食品叫作"法伊-卡伊"，由可可粉和甘薯粉混合烤制而成。纽埃另一种食物也用到可可粉。做这种食物时，人们会将章鱼捣碎，再混合可可粉进行烤制。纽埃第三种非常有传统意义的食物是水煮可可片。做这种食物时，人们会将可可削成薄片，再加入山芋块，放在水中煮。纽埃的第四种传统食品为"荼基甫提"，没有用到可可，这种食物是将山芋和捣碎的香蕉搅拌在一起焙烤。类似的纽埃

---

[1] Stephenson Percy Smith, "Niue Island and Its People," *The Journal of the Polynesian Society*, 11.4 (1902), p. 207.

纽埃

传统食品还有"霍洛塔洛",是将山芋粉碎做成布丁。除此之外,还有将绿香蕉和可可粉混合在一起做成的"皮塔科"、用可可和甘薯制成的"塔基希"、用可可片和竹芋煮制的"瓦伊哈洛"。

需要指出的是,虽然纽埃自然资源严重匮乏,经济收入水平较低,但由于得到新西兰的经济援助,纽埃属于全球消费水平较高的国家之一。除了传统食品之外,纽埃还有罐装牛肉、羊肉、鸡肉、大米等进口食品。此外,勤劳的纽埃人更乐于自给自足、刀耕火种,在贫瘠的土地上种植出品质优良的山芋、甘薯、木薯、可可、面包果、番木瓜、芒果、香蕉等农作物,养殖猪、鸡等家畜家禽,捕猎果蝠、鸟类,能够保证肉食的自给。虽然近海缺乏海洋资源,纽埃远海却水产丰富,盛产黄鳍金枪鱼、红鲈、旗鱼、陆蟹等。

体育运动 种类繁多的体育运动也已经成为纽埃传统文化的一部分。纽埃国土面积小,人口少,但纽埃人对体育运动具有很高的热情。纽埃有一种被称为"塔提卡"的传统游戏,人们投掷一种5英尺长的标枪,这种标枪头重、杆轻,落地后迅速向上弹起。这项活动所要求的技术和运动会上投标枪运动基本一致。昔日的酋长之间还流行一种捕捉鸽子的传统游戏。在游戏之前,通常选择好鸽子,将它的一只眼睛戳瞎,再用一根长长的绳子拴在鸽子的一条腿上,令其飞往空中。由于瞎了一只眼睛,鸽子会盘旋飞行,引来其他鸽子,然后人们打开捕鸽子的手网,将飞来的鸽子抓住。也有人说这种比赛是看谁的鸽子飞得更高。

除了传统的体育项目之外,纽埃人还对现代体育运动项目充满兴趣。拔河、摔跤等比赛项目在纽埃比较流行,通常在纽埃南部村落和北部村落的居民之间举行。踩高跷则是孩子们比较喜欢的运动项目。作为岛国居民,纽埃人还喜爱冲浪、潜水等,这是岛国居民非常熟悉的体育运动项目,通常在两个人或两组人之间进行,目的是较量双方的潜水、冲浪技艺。划船比赛是纽埃居民比较热爱的另外一种运动项目。橄榄球是当代纽埃人非常喜欢的体育运动,既有男性橄榄球队员,也有女性队员。纽埃橄榄球队曾是2008年大洋洲橄榄球联盟大赛的冠军。足球也是当地青年人喜爱的体育运动项目,无挡板篮球是纽埃女性比较喜欢的一种现代运动。此外,纽埃人还在福努阿库拉建有一个九洞高尔夫球场。

宗教 1774年欧洲殖民者登陆纽埃以来,基督教逐渐传入纽埃。1840年,纽埃人潘尼亚米纳·纽卡伊从萨摩亚回国,开始在纽埃人中广泛传播基督教教义。1861年,英国传教士进入纽埃传教。随着西方宗教文化的传播与扩散,加之当代生活节奏的影响,纽埃人的宗教信仰发生了巨大的变化。传统宗教信仰已基本消磨殆尽,代之而来的是以基督教为主的宗教信仰。就纽埃本土而言,当前比较流行的宗教信仰主要是纽埃公理会,纽埃约有60%的人是公理会教徒。还有10%左右的人信仰后期圣徒教(即摩门教)、10%的人信仰天主教、2%的人属于耶和华见证派,其余的人没有宗教信仰,而在新西兰的纽埃人则多隶属基督教的某一个教派。当今纽埃的多数牧师是在萨摩亚等地接受培训的,在纽埃人的精神生活中扮演着非常重要的角色。但由于经济条件的限制,纽埃的教堂不像南太平洋地区其他岛国的教堂那样奢华,也很难承担举办较大规模的宗教仪式。纽埃人的宗教信仰,尤其是对基督教的信仰,一定程度上已成为纽埃人的精神支柱。[①]

[①] 关于纽埃宗教的内容主要参见 Stephenson Percy Smith, "Niue Island and Its People," *The Journal of the Polynesian Society*, 11.4 (1902), pp. 195 – 203。

纽 埃

由于缺乏充足的历史资料，很难追溯纽埃人宗教信仰的源头。但有一点可以肯定，纽埃人和波利尼西亚人一样，具有相同的宗教信仰，遵奉着相同的宗教仪式。对于波利尼西亚人信仰的了解一定程度上可以帮助我们认识纽埃人历史上的宗教信仰。波利尼西亚人的信仰中有四个主神，分别是塔格洛亚、屠、塔奈和隆格。塔格洛亚是纽埃人的主神，在纽埃的传说中，他是军队的首领，是纽埃人的战神，能在战争中庇护纽埃人，保证纽埃士兵的安全。在战争时代，纽埃人经常祈求战神塔格洛亚给敌人的军队带来灾难，保佑自己的军队获胜。塔格洛亚同样也是萨摩亚人、拉罗汤加人、塔希提人、夏威夷人的主神，新西兰土著毛利人却有不同的信仰。除了塔格洛亚之外，纽埃人还信仰其他的神，如肤色较浅的屠。波利尼西亚人都信仰屠，他是毛利人最敬仰的战神。塔奈和隆格是毛利人和夏威夷人的主神，纽埃人并不怎么信仰这两个神。

除此之外，纽埃人还信仰屠普亚。传说屠普亚属于人类，具有超越常人的能力，后来逐渐成为纽埃人的神。但这些神话般的人物在纽埃人心目中的地位，远远低于他们的主神塔格洛亚。这些神化的人物通常只扮演着守护神的角色，有时候还代表不好的形象，象征自然界中的超自然力量。据民间传说，屠普亚在纽埃有四种化身，纽埃的每一个区就有一个不同的屠普亚，每个屠普亚有其独特的图腾。当然，这些屠普亚的来源已很难考证。

纽埃西海岸还有一个专门的守护神，叫莱其埃吉，具有人形，后来多以盐水喷泉的形式出现。纽埃岛南部的守护神是路亚-屠普亚，也就是毛利人信仰的鲁阿-屠普亚。传说北方的守护神是胡亚纳吉，其后代都是人类。纽埃人信仰的另外一个神是莫吾依，以英勇著称，其行为类似中国神话中的擎天巨神。按照纽埃人的传说，是莫吾依把纽埃岛抬升到现在的海拔高度的，这和毛利人信仰的同名的神相似。

纽埃人敬神或祭祀的地方称为屠图，也有人称之为帕鲁奇，实际上是顶部相对比较平坦的小山丘，长度多为50~70英尺，宽20~40英尺，有明显的人工建造的痕迹。目前，这些地方依然建有房屋，属于纽埃历史早期的寺庙。纽埃古时候的各种宗教仪式多在这里举行，而祭祀行为通常被赋予神圣的意义。同样，纽埃的历代国王所举行的某些仪式也具有同样的意义；如果没有国王，则由族群的酋长执行。按照史蒂芬森·帕西·史密斯的记录，古时候的宗教仪式和非洲等地的宗教仪式具有相似之处：国王或酋长站在中央，念念有词，而其他人则以他为中心围成圆圈，并向其顶礼膜拜。为了保证祈祷活动顺利进行，他们把不属于同一信仰的人隔离在外。据说，在过去的纽埃，当有人生病的时候，人们通常会向神灵供奉一种蜥蜴，祈求驱除病魔，但这是毛利人所不能忍受的祭祀形式。

节庆活动　在过去的纽埃，各种节庆仪式多和族群活动有关。其中之一是士兵出征前，人们经常要举行祈祷仪式，祈求战神保佑战争胜利，同时激发士兵的斗志。如在战争中获胜，族群里的妇女也被允许参加庆祝活动，人们通常彻夜不停地跳舞。纽埃人称这种舞蹈为"塔菲阿舞希"。跳舞时，人们好像神灵附体，异常兴奋。基督教传入纽埃之后，这种庆祝仪式被界定为邪恶力量，在今天的纽埃已很少见到这种癫狂的集会仪式。[①]

当前纽埃人的集体活动同西方国家的集体活动没有多少区别。

---

① 纽埃节庆活动内容主要参见 http://world-hello.com/niuai。

纽 埃

纽埃人最为传统的一种集体活动被称为村庄节，每个村庄每年都在村庄节举办盛大的庆祝仪式。举办仪式那天，纽埃人通常装扮入时，头戴花环，二三十人两两相对，盘腿坐成两排。纽埃人能歌善舞，其中一人领唱，其他人跟唱，一组唱完，另一组再唱。这种集会唱的歌曲通常具有特殊的含义，多纪念过去所发生的事件。

现代纽埃受西方国家社会文化传统的影响，其节庆活动也逐渐和以新西兰为首的西方国家的节庆活动相差不大。当前纽埃主要的节日如下。

元旦 同世界其他国家一样，每年公历的1月1日为元旦，也是纽埃的公共假日。

义务运动日 每年的1月2日是纽埃人民的义务运动日，也是纽埃人民一年当中第一个重要的节日。这一天，人们会进行非常正式的祈祷。除此之外人们还驾驶装扮得非常漂亮的车辆环岛游行。这个节日名称中的"运动"二字用纽埃语讲是"塔卡伊"，就是"到处游逛"的意思。这一节庆活动通常持续一周左右。这一周内，每一天都要举行许多体育运动项目，人们或参加体育比赛，或去跳舞，或去教堂做礼拜。开车的人会沿着纽埃的主要道路行驶，一路按着汽车的喇叭，并从车上向孩子们抛撒糖果。这个节日是全国性的，为庆祝这一盛大节日，该周内所有的政府部门都暂停服务。

《怀唐伊条约》纪念日 每年的2月6日是纽埃的《怀唐伊条约》纪念日。这个节日本来是新西兰的国家法定节日。新西兰的这个节日是为了纪念新西兰于1840年签署的建国文件《怀唐伊条约》。该条约是1840年英国王室与毛利人签署的一项协议，规定毛利人各位酋长让出其领土主权。作为回报，凡在岛上出生者，均会受到英国法律的保护。英国政府保证新西兰各部落酋长的土地、森林、渔场及其他财产不受侵犯。毛利人如果出售土地，应优先出售给英国女王，英国政府也许诺毛利人可得到英国女王的保护，并可享有"英国国民所享有的一切权利和特权"。该条约的签订，促使新西兰建立了英国法律体系；同时，也确认了毛利人对其土地和文化的拥有权。和新西兰人一样，纽埃人在这一天也会组织大型演讲、音乐会，或在海滩上休闲度假。人们弹奏瑞格音乐（又名雷鬼乐），以纪念生日也在这一天的牙买加歌手、雷鬼乐鼻祖鲍勃·马利。

耶稣受难日　基督教由欧洲殖民者引入纽埃以后，纽埃人也逐渐把耶稣受难日当作纽埃的重要节日。耶稣受难日是纪念耶稣生命中最高潮一周的节日，通常被人称为"圣周"、"受难周"，从复活节前的星期日开始，经复活节前的星期四和星期五，到复活节那天结束。

复活节　复活节是每年春分月圆后的第一个星期日。

澳新军团日　澳新军团日本来是澳大利亚人和新西兰人的节日，定在每年的 4 月 25 日。由于同新西兰的密切关系，纽埃也把这一天当作他们的重要节日，以此纪念军队退役老兵。1947 年纽埃庆祝第一个澳新军团日的当天，纽埃穆塔劳村村民立碑纪念第一次世界大战期间参战的纽埃分遣队。这一天，纽埃人也到教堂祈祷，举办盛宴，讲述故事。

英国女王日　英国女王日是每年 6 月的第一个星期一。作为新西兰的自由联合体，纽埃也是英联邦的准成员国之一，英国女王伊丽莎白二世因此也是纽埃的女王，是纽埃名义上的国家元首，因此这一天也被当作纽埃的重要节日。

纽 埃

宪法日 1974年10月19日，新西兰议会同意纽埃成立独立的自治政府，拥有自己的行政机构、立法机构、司法机构，标志着纽埃的政治独立，纽埃人民可以通过选举组建自己的政府。1974年的《纽埃宪法》是纽埃的最高法律，任何与之相对立的法律都是无效的。从此以后，纽埃把每年的10月19日作为纽埃的独立日，又称"宪法日"。

福音日 福音日又称潘尼亚米纳日，也是一个与基督教有关的节日。1840年10月26日，远渡萨摩亚的纽埃人潘尼亚米纳·纽卡伊返回祖国，传播基督教，成功地使他的国民信奉基督教。从此以后，纽埃人就把每年10月的第四个星期天作为他们的重要节日，这个节日就是以潘尼亚米纳的名字命名的。

圣诞节 这是基督教国家的重要节日，即每年的12月25日，纪念耶稣基督的诞生。

文化艺术节 纽埃每隔两年举办一次庆祝活动，颂扬纽埃的传统文化。许多定居国外的纽埃人也通常在此期间返回祖国，同家人团聚。聚会期间，人们载歌载舞、演奏音乐、照相，或进行艺术创作。这个节日通常在每年的4月举办，持续大约一周的时间，其主要目的是展示纽埃的艺术和文化。

白色星期天 每年5月的第二个星期天是纽埃的独特节日，称为"白色星期天"。每年纽埃人都会庆祝这个节日。这一天，孩子们可以尽情歌唱，表演话剧，身着崭新的白色衣服做祷告。人们在这一天还可以享用鸡肉大餐，以及芋头、甜食等食品。萨摩亚和汤加也庆祝这一节日。

除了上述重要的节日之外，纽埃的重要节日还包括节礼日、公共服务假日。节礼日是每年的12月26日，即圣诞节次日，是英联邦国家部分地区庆祝的节日,又称"圣士提反日"。在这一天,按照传统人们要向服务业从业者赠送圣诞节礼物。公共服务假日则为每年的12月27日。

第三节 特色资源

村落 纽埃的国土面积较小、地理位置孤立、自然资源匮乏,全岛被石灰岩覆盖,缺乏建造房屋所需要的石材,尤其因为人口较少,纽埃并没有世界其他国家,甚至也没有南太平洋地区其他国家所具有的城市规模,也没有具有深远的历史价值的地标性建筑。也得益于此,纽埃最基本的建筑依然是它的14个村庄中散落的房屋。因此以村庄形式存在的城市成为纽埃最为独特的风景,其中位于纽埃西南部的阿瓦泰莱村就是国外游客经常光顾的地方。

纽埃的每个村庄都是围绕一片相对开阔的空地建造而成的。中间的空地为村广场,用于召开该村的各种集会,开展各种体育运动,或举办某种仪式。纽埃村庄的另一个典型的特点是,村中所有的房屋都朝向村广场。每村具有社会意义的重要建筑都分布在广场的周围,比如教堂和牧师的房子。因此,在纽埃的14个村庄中,教堂是各村社会活动的中心。教会在这里向村民进行道德教育,鼓励富人帮助经济条件不好的村民,教育下一代健康成长,教堂成为在当代风云变幻的国际背景下保持纽埃传统社会意识的中心。由于自然灾害频繁,纽埃的许多建筑都曾遭受到飓风的袭击而毁坏严重,因此也没有多少历史悠久的建筑。连同教堂在内,纽埃的许多建筑都是近二十年利用从新西兰进口的材料建造的,多具有新西兰风格。这导致纽埃缺少能够体现其国家特色的标志性建筑。

纽 埃

首都阿洛菲是纽埃 14 个村庄中的一个，位于纽埃岛西海岸阿洛菲海湾的中央，分南阿洛菲和北阿洛菲两部分。阿洛菲之所以成为纽埃的首都和纽埃的主要城市，是因为只有在阿洛菲附近的环形珊瑚礁上有一个可供船只出入的缺口，是纽埃通往海洋的主要通道。阿洛菲总面积为 46.48 平方公里。根据 2011 年的统计，阿洛菲共有 581 人，占纽埃总人口的 36%，其中南阿洛菲 147 人，北阿洛菲 434 人，属于世界上人数最少的首都之一。

纽埃的政府机构设在南阿洛菲。2004 年飓风"赫塔"袭击纽埃，造成 2 人死亡，阿洛菲的许多建筑都被摧毁了。灾后，纽埃将政府机构迁到离西海岸稍远的福努阿库拉，但该地依然隶属于阿洛菲。阿洛菲属于热带雨林气候，每年 6 月到 9 月，雨水较少，平均降水量为 60 毫米，年均气温在 25℃ 左右。阿洛菲建有纽埃哈南国际机场，道路畅通。由于纽埃最主要的基础设施都集中在阿洛菲，阿洛菲因此也是纽埃最重要的旅游城市，每年来纽埃旅游的游客达到 6000 多人次。

传统工艺 除了特殊的村落布局和迷人的旅游资源之外，纽埃的传统工艺也成为纽埃吸引世界游客的重要资源。纽埃人懂得充分利用自然界提供给他们的一切，一方面为了在偏远贫瘠的孤岛上生存，另一方面为了从自然中获得欢乐。纽埃人能歌善舞，拥有独特的民族音乐和乐器，如尤克里里琴。纽埃人还具有独特的建筑才能，会建造木屋，制作各种木制品，尤其是制作独木舟的能力首屈一指。医疗方面和中国人差不多，善于使用草药治疗疾病。

纽埃人最具特色的还是他们的编织技艺，其代表产品包括草垫、草帽、腰带、扇子、树皮布服装、贝壳项链、篮子等。纽埃有一种用橄树树皮制成的树皮布，非常有特色。橄树通常能长到 10

英尺高，然后人们从其树皮内侧抽取纤维织布。这种树皮布呈白色，织布的妇女在上面用由石栗树根制成的颜料绘制图案。夏威夷火奴鲁鲁博物馆里有类似的展品。橄树属于人工培育的树木，随着欧洲布料的引进，这种树皮布目前在纽埃几乎绝迹。除了橄树树皮布之外，昔日的纽埃人还用榕树的树皮织布。

旧时的纽埃男性只穿腰布，有时配以树皮布做的其他衣物，并用由人类头发或其他纤维编制的绳子固定腰布。女性多穿由树皮布做成的衣物，戴着由露兜树叶编制的帽子。目前用树皮布缝制的衣服已比较少见，只有在特殊的集会场合才可以见到，但作为一种特殊工艺一直存在。最具纽埃特色的是纽埃人利用当地的植物编织的草帽、篮子等，已成为纽埃重要的出口商品，在新西兰、澳大利亚等国十分流行。

纽埃人衣物饰品比较多。有一种用白色玛瑙贝贝壳制成的束带，长6英寸到8英寸，常用来作为头饰，人走路时能发出清脆的哗啦声。也有人将贝壳串成串戴在胳膊上，通常每串三四个贝壳。有些俱乐部也用这种贝壳进行装饰，今天人们还可以在教堂里看到这种饰品。还有一种用螺蛳贝壳串成的项链，也能在人们跳舞时发出响声。也有人用鸟类羽毛当作头饰，用树皮绳固定在头发上，非常漂亮。

纽埃人的另一个传统装饰是用羽毛缝制而成的束带。纽埃人的羽毛束带有三种：一种是用绿鹦鹉的毛制成的，纽埃语称为卡法－亥加；另一种是用白鹦鹉喙下的羽毛制成的，称为卡法－亥加－提；还有一种称为卡法－帕路亚，也是最美丽的一种，是将鹦鹉羽毛拧成铅笔长的细绳，然后再编织在一起制成，通常需要几年才能做成。束带通常作为酋长和士兵的服装饰品，非常珍贵。所有的这

纽埃

些编织工作均由妇女完成。按照纽埃的宗教传说，纽埃女性得到了女神的青睐，才被女神赐予特殊的技艺。

纽埃的传统工艺有着悠久的历史。据说大约在5万年前，最早到达太平洋岛国的人来自东南亚。他们最初来到今天的巴布亚新几内亚、所罗门群岛、新喀里多尼亚（法）、斐济等地。第一种说法认为，当初太平洋小岛和其他土地是连在一起的，水也不深，旅行者通过木筏或游泳来到这里。这些人来到这里或者是为了逃避惩罚，或者因为他们原来的国家人口太多，缺乏必需的生活用品，他们来到这里是为了建造新的家园。他们也带来了他们的工艺技术，比如编织技术和雕刻技术，以及制造陶器的工艺。这些工艺技术源于东南亚，可在巴布亚新几内亚、新喀里多尼亚（法）、所罗门群岛、斐济、汤加、萨摩亚、库克群岛等地见到。当然他们的工艺也融合了其他民族的工艺特色。第二种说法认为，太平洋岛国居民来自南美洲，到达今天的土阿莫土群岛、夏威夷岛、复活节岛、塔希提岛、库克群岛，带来了他们的工艺技术。当地的红薯是唯一能够证明当地人来自南美洲的例子。第三种说法认为，纽埃人的工艺是纽埃祖先传下来的。据说纽埃有六个主神，生活在天堂的第二层，包括编织之神莫尔、独木舟之神莱塔和哈库玛尼、贝壳和项链之神法卡帕罗托、标枪之神马蒂拉法法、工艺之神穆埃托提尼。

第四种说法是大多数纽埃人相信的，认为最早来到纽埃的人是今天的萨摩亚人、汤加人、库克群岛的普卡普卡人。也有人来自斐济，但数量极少。学者普遍认为汤加人是最早来到纽埃的人。这些移民来到纽埃的时间在公元700年前后。萨摩亚人住在纽埃的北部地区，汤加人和斐济人则生活纽埃的西部地区，来自库克群岛的人则生活纽埃的东部地区。这些人把他们编织、雕刻、食物制作的工

第一章 概　览

艺以及舞蹈等带到纽埃。当前萨摩亚、汤加、库克群岛的不少工艺品和纽埃的工艺品非常相似，另外纽埃东部地区的歌曲创作艺术也和库克群岛非常相似。①

纽埃的工艺通常被看作纽埃人的家庭财产或者个人财产，是世代口头传承的，非常神圣，并不轻易传给他人。通常只有家庭的直系亲属才可以继承财产，只有在没有继承人时家族工艺才会传给他人。将家族工艺传授给他人通常被视作非常不吉利的行为。举个例子，纽埃的独木舟制造工艺就属于纽埃人的文化财产，其他人曾尝试效仿，但永远达不到纽埃人的制作技艺或水平。另外一个不可以轻易赠送别人的是纽埃人的传统医术。除了个人和家庭之外，通常某个村庄也有其独特的文化财产，比如某些村庄具有其独特的歌曲艺术，也是其他村庄无法获取的。某个村庄保持其独特的文化，目的在于试图在这一领域保持其独特的地位，世代相传。

纽埃政治自治以来，随着纽埃同世界各国的交流日益频繁，来纽埃观光的海外游客逐年增加，纽埃传统的民俗文化及民俗艺术不断融入外来因素，正悄悄地发生变化。这有两个方面的影响：一方面，纽埃的民族文化和民俗艺术呈现多元发展的趋势；另一方面，由于纽埃缺乏深厚的民族文化积累，受外来文化的影响，纽埃传统民族文化及工艺也正一步步地被新一代纽埃人淡忘。

为了保护纽埃的传统文化，纽埃政府于1986年颁布了《文化委员会法案》，专门成立了纽埃文化委员会，在纽埃社区事务部的指导下开展工作，以保护本国的文化历史资料和传统知识，尤其注意保护纽埃传统故事、传统工艺、传统表演艺术、传统服装、传统

---

① http://www.gov.nu/wb/.

39

纽 埃

乐器、传统农业知识等，纽埃语也成为纽埃文化委员会要重点保护的文化传统。1987年，纽埃政府建造了国家博物馆和文化中心，以纽埃北方族群守护神胡亚纳吉的名字为其命名。中心里面设有博物馆、文化事务办公室和表演舞台，由社区事务部负责管理。建设该中心的根本目的是保存、展示纽埃人的传统文化及传统工艺，收藏纽埃的传统工艺品。但是2004年飓风"赫塔"袭击纽埃后，胡亚纳吉中心被摧毁，里面存放的纽埃传统物品也遭到毁灭性的损坏。目前，纽埃政府正着手通过其他渠道收集纽埃的传统工艺品。

纽埃比较著名的景点包括利牧池、阿瓦泰莱村、阿洛菲、多哥峡谷、阿瓦基岩洞等。利牧池是纽埃最受欢迎的旅游景点，景色优美。该景点被称为"池"，是因为此处的海水被纽埃岛四周的环形珊瑚礁隔成了一个个半封闭的水域，类似一个个的池塘，海水清澈，风平浪静。利牧池位于纽埃的西北部，北阿洛菲以北，是由若干个珊瑚礁围成的潟湖构成的，其外侧有一条带状礁石同海洋隔开，海水很浅，异常清澈，平均水温在25℃左右，非常适合游泳、潜水。由于相对封闭的环境，无论涨潮还是退潮，这里都非常安全。利牧池附近没有海滩，游客可以通过石梯进入水池，或者直接从岩石上跳入水中，带上简单的潜水工具就能潜到水底，观看生长在海底岩石上的活珊瑚、鲽鱼、鳞鲀、鳗鱼、水蛇等，这是游客必去的地方。

阿瓦泰莱村位于纽埃的西南部，和穆塔劳、图阿帕、阿洛菲、哈库普一样，相传是一千多年前萨摩亚和汤加移民登陆之后建立的定居地。阿瓦泰莱村面朝阿瓦泰莱海滩，阿瓦泰莱海滩是纽埃仅有的两个海滩之一，阿瓦泰莱村也因为阿瓦泰莱海滩而闻名。阿瓦泰莱海滩比纽埃的另一个海滩阿洛菲海滩要大，景色也更加秀美。尽

第一章 概　览

管这里的海沙比起世界其他许多地方海滩的沙子粗糙得多，但对于纽埃居民及外地游客而言，由于其洁净的自然环境，湛蓝清澈的大海和晴朗的天空，这里已是十分理想的旅游胜地。

在罗伯特·莱克斯码头和阿洛菲哈南国际机场建成之前，阿瓦泰莱海滩是外地游客登陆纽埃的主要地点。詹姆斯·库克船长先后几次在此处登陆，此处也是乔治·拉维斯牧师及其弟弟弗兰克·拉维斯、纽埃和新西兰总督保罗·里夫斯登陆纽埃的地方，因而具有独特的历史意义。为了纪念在第一次世界大战中阵亡的纽埃士兵，纽埃人在此地建造了阿瓦泰莱战争纪念碑。[①]

阿瓦泰莱村的旅游价值还在于它是纽埃第一个接受基督教的村庄。1854年，当地居民穆亚托加邀请当时住在穆塔劳的萨摩亚牧师鲍罗前来传播基督教。同一年，阿瓦泰莱村也有了自己的牧师，即来自萨摩亚的萨缪牧师。阿瓦泰莱村房屋不多，也没有商业中心，但教堂颇多，这是该村的一大优势。除此之外，阿瓦泰莱村还有一个度假区，能够为游客提供美食与住宿，出租游泳、潜水设备。

多哥峡谷位于纽埃东南部虎瓦鲁森林保护区内，属于喀斯特地形，从远处看去就像一圈圈的环状格架；岩石顶部很尖，直上直下，像剃刀一样，海水冲刷的地方经常有岩洞。虎瓦鲁森林属于太古时代的热带雨林，覆盖了纽埃接近五分之一的陆地面积。多哥峡谷地势崎岖，道路高低不平，游客需要上下攀爬，或通过石梯下到峡谷底部。峡谷底部有由泥沙沉积而形成的内陆海滩，该峡谷也因此成为广大游客喜爱的地方。多哥峡谷中长满了可可树、棕榈树，峡谷

---

① 参见本书第一章第二节中的节庆活动部分。

纽 埃

底部还有很多清澈的水池，还到处可见海水冲刷形成的小洞穴以及由石架构成的天然石桥。游客穿过森林，就可以到达海边。

阿瓦基岩洞位于纽埃岛的西部，阿洛菲以北。阿瓦基这个名字在纽埃语中是"波利尼西亚人的家乡"的意思，据说这里是该岛第一个定居者登陆的地方，也是传说中古代纽埃国王独有的地方。此处有一条窄窄的峡谷直接通到海边的一个山洞中，山洞中间是一池清水，水池里到处都是鱼，一种叫作绯鲵鲣（俗称山羊鱼）的海鱼在这里产卵孵化。为保护这种鱼类，保护此处的生态环境，纽埃政府规定，在鱼类孵化期间禁止游人在此游泳，同时也是为了避免游人在此受到伤害。阿瓦基岩洞实际上包括两个洞穴，位于入口的那个洞穴里到处都是钟乳石、石笋、石柱，而距离此处不远的地方就是纽埃另一个比较著名的景点帕拉哈岩洞。

第二章

历　史

第一节　古代史

前殖民时代　100万年前,海底火山喷发,喷出的熔岩逐渐抬升到海洋表面,形成纽埃岛的雏形。经过海水上百万年的冲刷,火山顶部被削平,大量的珊瑚依靠火山喷发产生的营养物质迅速生长,并附着在火山表层。珊瑚死后,形成珊瑚礁,随着山脉不断抬升,露出海面,形成现在的纽埃岛。10万年前纽埃出现了今天阿洛菲周围的平坦土地。公元400~1100年,汤加和萨摩亚的部分居民移居纽埃。今天纽埃南方的塔菲提族群6个村庄的居民多为汤加人的后代,北方的摩图族群则多为萨摩亚人的后代。经过1500多年的发展,先后有几批移民移居纽埃并在纽埃定居下来。关于这段历史,有证可考的书面资料不多。根据纽埃的口头传说,人们能够列出来的纽埃国王也仅有7位。

纽埃的地理位置非常闭塞,人们的生活方式也相对简单,十八世纪之前尤其如此,基本上采用氏族制,长久以来缺乏统一的群体意识,也没有统一的政府,相互之间缺乏共同的语言。[①] 不同的族

[①] Joslin Annelies Heyn, *Migration and Development on Niue Island*, The University of Montana, 2003; John Connell, "Niue: Embracing a Culture of Migration," *Journal of Ethnic and Migration Studies*, Vol. 34, No. 6 (2008).

纽 埃

群在信仰及文化上相对独立，导致族群之间为了占有基本的生活资料而时常发生冲突。基督教引入纽埃以后，族群之间的战争大大减少。但由于纽埃没有可参考的纸质文献界定各自土地所有权的问题，族群之间为了获得土地所有权和淡水资源而引发的矛盾并没有减少。也有研究发现，南太平洋岛国居民长期以来满足于自给自足的原始生活，出于保护自身生命及民族财产安全等原因，尤其是担心外来人会带来疾病，旧时的纽埃人对于外来者怀有敌意。[1] 这种敌意不仅针对欧洲探险者和殖民者，对于来自同一地区，甚至岛国的其他族群也是如此。甚至本族人得了严重的疾病也通常被丢到荒郊野外，任其自生自灭，避免传染给他人，患了疾病的外来人则有可能被处死。在纽埃，这种情况一致延续到欧洲殖民者到来，确切地讲是在十九世纪中叶前后基督教传入纽埃之后。纽埃有文字可考的历史也始于欧洲殖民者到来之后，尤其是纽埃成为英国殖民地以来，纽埃社会才有稍为系统的历史记载。[2]

历史假说 根据理查德·沃尔特的研究，[3] 纽埃早期的历史大概有四种可能的存在形式。第一种可能是纽埃曾隶属于太平洋地区

---

[1] Michael Salzman, "The Dynamics of Cultural Trauma: Implications for the Pacific Nations," in Anthony J. Marsella, et al. (eds), *Social Change and Psychosocial Adaptation in the Pacific Islands: Cultures in Transition*, New York: Springer, 2005, pp. 28 – 51.

[2] 目前能够找到的印刷成册的关于纽埃古代历史的文献资料较少。主要有两个文献，一个是 Edwin M. Loeb 于 1926 年出版的 *History and Traditions of Niue*；一个是新西兰人种学者 Stephenson Percy Smith 于 1902 ~ 1903 年分期在 *The Journal of Polynesian Society* 上发表的系列文章 "Niue Island and Its People"。这两个文献很多地方内容相同，多为游记式的，缺乏严谨的参考文献。关于该国历史研究最具代表性的作品是 T. Chapman 和 I. Etuata 等人于 1982 年出版的 *Niue, A History of the Island*。

[3] Richard Walter, "Archaeology of Niue Island: Initial Results," *The Journal of the Polynesian Society*, Vol. 104, No. 4 (1995), pp. 471 – 481.

第二章 历 史

的拉皮塔文化。拉皮塔文化又称拉皮塔传统，是史前时期太平洋岛国的社会组织形式。根据考古发现，可以追溯到公元前1600～公元前500年左右。考古学家认为，拉皮塔可能涵盖波利尼西亚、密克罗尼西亚以及美拉尼西亚沿海的部分地区。拉皮塔文化的特点是在广袤的太平洋地区无人居住的小岛上建立定居点。考古学家发现这个时期的文化中流行印有锯齿状几何图形的陶器。人们经常使用黑曜石，讲的是独特的岛国语言。拉皮塔可能是当时航海技术最先进的民族，能够得以发现太平洋中距离如此远的零散的小岛。包括纽埃在内，从夏威夷岛到复活节岛上的波利尼西亚人应该都是拉皮塔人的后代。① 第二种可能是纽埃或许是拉皮塔文化之后，西波利尼西亚人的一个散居地点，和东波利尼西亚殖民统治属于同一个时期，因此纽埃的殖民历史可能早于库克群岛。这可以从纽埃语言和汤加语言的相似性上看出来。第三种可能是纽埃是汤加王国的殖民对象，时间可以追溯到公元1000年左右。在纽埃和附近岛国的文化中都可以发现汤加文化的元素，这可在一定程度上证明这种猜测。第四种可能是东波利尼西亚人反迁移过程中对纽埃人进行过殖民统治。

第二节 近代史

早期探险时代 纽埃有文字可靠的历史源于英国探险者詹姆斯·库克发现该岛以后，这也是纽埃近代史的开端。1774年，英国探险家詹姆斯·库克发现该岛，曾经三次试图在图阿帕、偶帕西、

---

① http://en.wikipedia.org/wiki/Lapita.

纽 埃

阿瓦泰莱等地登陆,都遭到岛上居民的坚决抵制。失望至极的詹姆斯·库克遂将该岛命名为"野人岛",岛上的居民也从此被打上了"野蛮人"的文化烙印。自此之后,在长达半个世纪的时间内,没有其他探险者光临纽埃岛。

1830年,英国探险家约翰·威廉姆斯成功登陆纽埃岛,并强行带走了岛上的两个年轻人。根据英国殖民历史资料记录,这两个年轻人一个是阿洛菲村的纽玛加,另一个是马凯富村的尤以。威廉姆斯试图教化他们,使其信奉基督教,但最终未能成功。纽埃人对欧洲殖民者的行为并没有好感,甚至这两个年轻人被英国人送回纽埃岛后,曾遭到族人的排挤。他们给纽埃人带回来了木瓜、福音书,但也带来了致命的梅毒性心血管病、流感等流行疾病。几个月以后,尤以和他的父亲被村民杀死,纽玛加则和潘尼亚米纳·纽卡伊一起去了萨摩亚。纽埃的这种孤立意识,用詹姆斯·库克的话来讲,纽埃人的这种"野蛮状态",虽然保证了纽埃民族文化的纯洁,也避免了约翰·康奈尔所提到的外来疾病对纽埃族人肉体上的伤害,却间接地导致纽埃的经济、文化在很长时间内极端落后,部分地加深了该岛的"未开化"状态。[①]

文化殖民时代 如前所述,长久以来,纽埃基本的社会形态是氏族社会,族群之间少有往来,为了争夺有限的土地和自然资源,冲突不断,使得该岛缺乏具有统一管理职能的社会机构。1846年,移居萨摩亚的纽埃人潘尼亚米纳·纽卡伊回到纽埃,在纽埃北部的穆塔劳登陆,带回了基督教,并在当地建立了教堂,从此改变了纽

---

① John Connell, "A Nation in Decline? Migration and Emigration from the Cook Islands," *Asian and Pacific Migration Journal*, Vol. 14, No. 3 (2005).

埃人在西方世界眼中所谓的"野蛮人"形象。从此以后，纽埃居民开始接受来自外界的各国人士，尤其是以英国为代表的西方传教士不断登陆纽埃，为西方文化及西方意识形态在纽埃的传播奠定了基础。潘尼亚米纳·纽卡伊还带回了欧洲的水果，同时他的回归也没有带来任何瘟疫，纽埃人也就接受了他和他所带回的一切，包括基督教，他从而成为纽埃人心目中的圣人，因此他回归纽埃的那一天，即每年10月的最后一个周末成为纽埃的重要节日。

按照法农和萨义德等人的东方主义观点，以基督教为代表的西方文化的入侵，极大地损害了殖民地国家的文化独立，导致了殖民地国家民族的身份危机。但基督教的传播在某种程度上使纽埃人意识到和平共处远比相互争斗更具有建设意义，西方文化及其先进技术的传播与引进客观上促进了纽埃政治、经济的发展。基督教传入以后，纽埃族群之间为了争夺土地和其他赖以生存的资源而频繁发生的冲突大大减少，并在此基础上逐渐形成了最基本的国家管理机构，地方政府逐渐诞生，标志着纽埃现代社会的开始。

1849年，因为潘尼亚米纳·纽卡伊和当地一名妇女犯有奸情，事情败露后被放逐到萨摩亚，萨摩亚人鲍罗来到纽埃，接替潘尼亚米纳·纽卡伊传播基督教。鲍罗上任后，在穆塔劳建立了"议事堂"，这是纽埃历史上第一个帮助纽埃人通过对话而非战争解决争端的机构。1850年，英国海军准将厄斯金访问纽埃，也没有遭到纽埃人的抵制。纽埃人对厄斯金并不像以前纽埃人对待欧洲白人那样反感。1853年，由 E. 豪恩驾驶的一艘西班牙-葡萄牙船只在纽埃失事，由于误会，几个纽埃人被欧洲人杀死，这也是纽埃历史上第一次欧洲殖民者屠杀纽埃土著。1859年，乔治·特纳在阿洛菲举行了一次教会仪式，纽埃居民有多人参加。从此以后，基督教正

纽 埃

式成了纽埃人的主要信仰，族群战争、杀婴等现象几乎没有再发生。1860年，乔治·拉维斯接管了阿洛菲教堂。为了制止偷盗行为的发生，拉维斯组建了地方警察局，但结果适得其反。拉维斯不得不寻求英国政府的帮助，最终导致英国将纽埃合并在英国辖制之下。十九世纪七十年代纽埃人无意中发现了牧师约翰·威廉姆斯奢华的生活，曾一度对基督教失去了信任。1872年，乔治·拉维斯的弟弟弗兰克·拉维斯来到纽埃，接替乔治·拉维斯担任牧师，情况有所改善。

十九世纪六十年代，奴隶贸易也延伸到了纽埃。从客观上讲，萌芽中的奴隶贸易加快了纽埃人口的流动。1863年，秘鲁的奴隶贩子利用三艘船带走了109名纽埃人，到秘鲁的奇布查岛开采鸟粪。1866年，H. W. 帕特森来到纽埃为汉堡弗罗埃父子公司招募工人。1867年，R. H. 海德开始为臭名昭著的布里·赫斯贩卖奴隶。1868年，查尔斯·麦法兰德打着帮助纽埃人增加收入、寻求快乐的名义，再次将纽埃的60名男人和20名妇女贩卖到萨摩亚、昆士兰、塔希提岛、斐济、马尔顿岛等地方，其中有些人后来在当地定居，有些人陆续返回纽埃。但受奴隶贸易活动的影响，同时纽埃人也为了获得更多的收入，开始陆续到海外寻找工作。由于人口的大量输出，纽埃人口的男女比例严重失调，男女比例曾一度达到1∶2。

英国殖民时代 在这种情况下，为了维持纽埃社会的稳定，纽埃各族于1876年选举阿洛菲的首领马泰欧·图依托加担任国王，据记载，纽埃首次有了统一的政府。1887年马泰欧·图依托加去世以后，继任国王法塔阿依基致信维多利亚女王，请求成为英国的附属国，寻求英国的保护。法塔阿依基在信中说道："如女王陛下愿意，纽埃的族长、统治者、总督都非常真诚地请求女王陛下以及女王陛下领导的英国政府的庇护，实现纽埃的稳定与安全。"其实早在1879年，英国高级专员亚瑟·戈登访问纽埃时，就谈到了纽埃寻求英国保护的事情。国王法塔阿依基去世后，来自图阿帕的托吉亚成为纽埃的国王，他是纽埃历史上英国正式政治托管纽埃之前的最后一位国王。托吉亚是纽埃历史上最不受欢迎的国王，但他在位期间制定了一款具有特别意义的法律，即禁止纽埃人向欧洲人出售土地，也禁止欧洲人向纽埃出口烈酒。这是纽埃同欧洲世界进行斗争的第一次尝试，因而具有重要的历史意义。

第三节 现代史

新西兰殖民时代 1900年4月，巴瑟尔·汤姆逊转道汤加来到纽埃，签订了权利转让条约，在纽埃悬挂英国国旗，这标志着英国在法律上对纽埃政治托管正式开始。但与此同时，新西兰也一直想扩展它的势力范围，建立新西兰商业王国，试图把纽埃纳入它的版图之内。1900年10月，新西兰总督蓝佛利勋爵宣布，承认英国对纽埃的控制，实际上却在为吞并纽埃积极地做准备。然而，纽埃人并不知道新西兰政府和英国政府之间争夺纽埃控制权的斗争。在此后的几十年中，确切地说，在整个十九世纪，新西兰一直试图从英国政府那里取得对纽埃的实际控制权，[1] 也多次向英国女王提出托管纽埃的请求。

---

[1] Roger Parsons, "Self-Determination and Political Development in Niue," *The Journal of the Polynesian Society*, Vol. 77, No. 3 (1968), p. 242.

纽埃

经过几年的酝酿，1901年，纽埃作为库克群岛的一部分划归新西兰政府监管，但是英国的伦敦传教会继续在纽埃传教。同一年，维多利亚女王去世，新西兰人种学者、调查员史蒂芬森·帕西·史密斯访问纽埃，建立了代表11个村庄利益的代表委员会，代表纽埃人参加新西兰议会，这是当前纽埃议会的雏形。1902年，马克斯韦尔被派往纽埃，担任属地居民代表。同一年，新西兰颁布了《库克群岛及周边岛屿法案》，允许私人拥有这里的土地，虽然并没有指明共同所有权的问题，但对于纽埃岛土地的买卖、赠予、继承、土地所有权放弃等问题做了非常严格的规定。根据新西兰的殖民法令，土地所有权是与生俱来的，任何人不能随意剥夺。

纽埃人原本以为纽埃被割让给英国，当得知新西兰把他们划入库克群岛的时候，感到受到侮辱，表示抗议。经过酝酿，1903年，纽埃从库克群岛中脱离出来，成为独立的国家，接受新西兰的政治托管，新西兰于同年派遣议会代表团访问纽埃。同年9月，新西兰政府颁布《库克群岛及周边岛屿补充法案》，专门为纽埃设立了一个管理机构，设立不同的属地居民代表。1903年，新西兰最终正式取得了对纽埃的政治托管，纽埃正式进入由新西兰控制的时代。新西兰托管纽埃以后，纽埃陆续建立医院和警察厅。1922年，阿洛菲医院正式接收病人，该医院在抵抗当时的肺结核及各种性病的工作中，做出了很大的贡献。1924年，纽埃的第一个地方广播电台建立；1927年，英语代替纽埃方言成为纽埃学校里的通用语言。

纽埃自治雏形 在新西兰的托管之下，纽埃的社会、政治、经济、医疗卫生、文化、教育等都发生了重大的变化。新西兰托管后的10余年中，纽埃的政治建设也有了很大的发展。1915年，依照《库克群岛及周边岛屿补充法案》，新西兰在纽埃设立岛国委员会，由每个村庄选举1名代表组成,颁布并实施了新西兰议会的相关法令,协助属地居民代表处理纽埃事务。

当然,英国伦敦传教会在纽埃社会发展中的贡献也不可忽略。英国传教士弗兰克·拉维斯于1872年接替乔治·拉维斯担任教会牧师,1910年退休,长达38年的教会工作为纽埃民族的未来发展奠定了基础。弗兰克·拉维斯担任牧师期间,纽埃人逐渐走出森林,到海边的村子中居住,建造了别墅式的房屋,欧式服装也被引入纽埃人的生活当中。纽埃人学会种植棉花,并开始向其他国家出口野生蘑菇、山芋、椰干、香蕉等农产品。随着新西兰政府在纽埃事务中所扮演的角色越来越重要,新西兰同伦敦传教会之间的关系也日益紧张。两者之间的冲突与矛盾最终影响了纽埃的政治发展进程。

两次世界大战期间,纽埃作为新西兰的附属国,也派人随新西兰军队到欧非战场作战。1916年,第一次世界大战期间,新西兰纽埃属地居民代表考恩威尔征募了150名纽埃人,并入新西兰军队的毛利人军团,奔赴埃及参加第一次世界大战,后又转赴法国前线,大部分纽埃士兵阵亡于法国。第二次世界大战爆发后,纽埃同样派出士兵参战。但考虑到第一次世界大战期间纽埃士兵伤亡严重,第二次世界大战期间,纽埃派出的士兵得到了很好的保护。

二十世纪二十年代末三十年代初,以美国为代表的西方世界爆发的经济危机也波及纽埃,一度使纽埃的出口贸易受到很大的影响。为改变纽埃的经济现状,1944年,时任纽埃属地居民代表C.H.W.拉森,开始把纽埃人送到海外进行培训,包括进行教师培训,以扩大教会学校的规模,并将纽埃的教育纳入新西兰的教育系统当中。拉森的另一个举措是允许在纽埃建立其他教会,这在一定

纽 埃

程度上导致纽埃教堂过剩的现象。目前,纽埃的 14 个村庄当中,每个村庄都至少有 1 座教堂。拉森为纽埃经济、教育、文化的发展做出了重大的贡献。不幸的是,1953 年 8 月 16 日,三名逃犯杀死了 C. H. W. 拉森。有人认为这一事件与英国伦敦传教会阴谋有关,但无从考证。

拉森被害以后,J. M. 麦埃文成为纽埃新一任属地居民代表,任职一直到 1956 年。麦埃文说纽埃语,并彻底改变了纽埃岛国委员会事事随声附和的做事风格,督促纽埃的议会代表成为纽埃本土事务真正的决策者。麦埃文凭借他处理毛利人土地问题以及库克群岛土地法庭问题的丰富经验,针对纽埃的具体情况,还设计了专门针对纽埃的土地登记制度。

1957 年,新西兰议会通过《库克群岛修正法案》,将纽埃也纳入该法律条文规定的范围之内。该法案规定,增加岛国委员会成员的人数,并将该委员更名为"纽埃议会",人员构成由原来的官方指定改为全民选举,同时加强了对当地财政收入的管理与控制,赋予属地居民代表任命当地司法委员会成员的权力。1959 年纽埃议会正式取代岛国委员会。虽然在政治上取得了重大发展,在经济上纽埃却迎来了它最艰难的时期。1959 年、1960 年,两年内连续两场飓风袭击纽埃,几乎把纽埃夷为平地,新西兰政府先后两次向纽埃划拨巨款进行灾后重建。属地居民代表 D. W. R. 希特莱在这期间起了非常重要的作用,他要求纽埃议会负责救助款项的分配,组织灾后重建。当然,希特莱也面临着巨大的挑战,这是因为从英国管辖时代的弗兰克·拉维斯,到其前任属地居民代表 A. O. 戴尔,所有的殖民国家代理人员都专注于维持纽埃社会秩序安定,发展纽埃教育卫生事业,很少让岛国委员会成员独自开展工作,而且岛国委员会也不愿意自己承担责任。希特莱大胆地让纽埃议会承担管理纽埃的部分责任,为二十世纪六十年代以后纽埃议会独立管理国家能力的提升起到了决定性的作用。

欧洲殖民者到来的同时,纽埃居民也开始陆续以各种方式移民海外,致使纽埃人口急剧减少,人口数量持续偏低。纽埃人大量移民海外,还造成纽埃大量的土地因其主人移民海外而长期闲置。这些都严重地制约着纽埃社会经济的发展。为了解决这一问题,纽埃议会于1964年通过了一项决议,规定任何离开纽埃长达20年以上(含20年)的纽埃居民,将视为其自动放弃在纽埃的土地所有权。1969年的《纽埃议会土地法案》对1902年的《库克群岛及周边岛屿法案》进行修正,修改了对土地所有权问题的相关规定,使得纽埃的闲置土地得到了充分利用。随着1972年阿洛菲哈南国际机场建成并投入使用,以及纽埃岛至奥克兰航班的开通,纽埃社会及经济等都有了很大的发展。

第四节　当代史

前政治自治时代　纽埃在新西兰政府的政治托管之下取得了长足的发展,但在第二次世界大战之后,随着全球民族解放运动的兴起,纽埃的政治独立问题也逐渐提上日程。尤其是1945年联合国成立以来,纽埃的政治独立问题多次成为联合国会议的议题,然而新西兰政府并无意放弃对纽埃的托管。联合国成员多为之前曾经遭受西方列强殖民统治的国家,身为联合国成员的新西兰所面临的挑战也越来越大。1960年,新西兰政府作为成员国签署了联合国《反殖民主义宣言》,这使新西兰政府的处境更为尴尬,已很难在

纽 埃

纽埃政治托管和纽埃政治独立之间成功周旋。

1962年1月,联合国17个亚非国家倡议,加强监督各成员对《反殖民主义宣言》的落实情况,并成立17国委员会。新西兰曾投票同意该决议的通过,这意味着新西兰在涉及岛国问题时,必须充分考虑纽埃的独立问题。1962年4月,新西兰代表团向联合国信息委员会报告称,库克群岛和纽埃议会有权承担全部责任,分配新西兰政府为其提供的财政补贴及其当地的财政收入。12月,新西兰又对外宣称,库克群岛和纽埃关于各自的未来有四种选择,即完全独立、与新西兰合并、建立波利尼西亚联邦、完全的内部自治。库克群岛和纽埃两个议会都选择建立享有完全的政治权利的内部自治政府。当然,这与《联合国宪章》中关于完全独立的规定相抵触,然而各国却又有不同的理解。此前,联合国大会曾于1953年通过一项决议,列举了一个国家能否成立自治政府的一系列因素,承认自治政府可以采用不同的形式,其中提到三种形式,即独立政府、完全不同的自治政府、在平等基础上与宗主国自由联合的政府。当然,这又与《反殖民主义宣言》所倡导的"把所有的权力毫无保留、无条件地移交给殖民地国家人民"的主张相违背。反殖民主义国家认为应该坚持这一主张,像新西兰这样的殖民国家则有不同的观点,认为纽埃议会自己选择的内部自治政府才是最适合纽埃的政治形式。

在这之后的很长一段时间内,新西兰也非常清楚国际局势,既试图保持自己的殖民者身份,同时又不愿意因此而冒犯联合国。1960年签署的《反殖民主义宣言》让新西兰处于非常尴尬的境地,既不愿让纽埃完全脱离新西兰政府的控制,又不能维持其纽埃托管者的身份。联合国要求不管被殖民国家在政治、经济、社会、教育等方面是否成熟,必须立即允许其实现政治独立。但事实上,纽埃人并不打算在其自身经济、教育等条件极其落后的情况下建立完全自治的政府。而且，即使纽埃选择完全自治，受其法律限定，新西兰也不可能停止它对纽埃的政治、经济援助。在这种情况下，新西兰政府也曾要求联合国的24国委员会到纽埃进行实地考察，在考察的基础上再决定纽埃到底应该采取什么样的政治自治形式。

纽埃议会执行委员会讨论了新西兰岛屿领土部部长格茨于1962年提出的"完全独立"、"与新西兰合并"、"建立波利尼西亚联邦"、"完全的内部自治"四种政府组建模式的建议，并于1962年8月23日做出决定，同意纽埃建立内部自治政府，但在何时成立自治政府方面，纽埃议会似乎并不急切，并多次同新西兰议会讨论，一再推迟建立自治政府的时间。由于新西兰政府不愿意在联合国及其24国委员会方面留下不愿意合作的印象，便在条件不成熟的情况下确定了成立纽埃自治政府的时间。但是纽埃议会及其执行委员会很难理解制定纽埃自治政府宪法同纽埃经济发展之间的区别，也不愿意承担随着纽埃自治而产生的诸多责任，担心政治自治以后新西兰政府会减少对纽埃的经济援助，更不知道如何经营独立后的政府，这致使纽埃自治政府成立的日期从最初的1964年一步步地延迟到1966年。

1965年，新西兰政府向议会提交了《纽埃宪法报告》。报告指出，纽埃人认为纽埃宪法制定的纽埃成立自治政府的日程意义不大，重要的是新西兰政府应该逐渐地让纽埃人管理他们自己的事务。报告认为，纽埃政府应该建立成员机制，由执行委员会成员负责不同部门，选举一个成员作为政府的领导，任命一名资深公共服务人员担任政府秘书和执行委员会秘书，最后建议成立村庄委员会。报告的最后一条指出，纽埃的独立需要时间。《纽埃宪法报

告》是纽埃历史发展中的重要里程碑，它的基本原则是在纽埃人还没有准备好的情况下，成立纽埃自治政府一事不可操之过急。这也是在纽埃历史上，纽埃人第一次清晰地表达了他们的观点，第一次行使了政府自治的权力，即延迟制定纽埃政府宪法的时间。1966年4月，新一届的纽埃议会通过选举产生，也成立了它的执行委员会。南阿洛菲成员罗伯特·莱克斯当选为纽埃政府首脑，主管公共事务及电力。执行委员会的其他成员每人都负责相应的部门工作。这就有了当前纽埃政府内阁的雏形，逐渐改变了纽埃人的权力意识，以及习惯于集体责任而不愿个人承担责任的传统，为纽埃政府的个人负责制奠定了基础。

内部自治政府时代 经过多次协商，新西兰议会最终于1974年通过《纽埃宪法》，允许纽埃实行内部自治。纽埃最终成立独立的政府，享有完全独立的行政和立法权力，首都设在阿洛菲。但从英国统治时代开始，尤其是新西兰长达半个多世纪的控制，纽埃的政治、经济、文化机构及其民族心理意识都发生了重大的改变。尤其是受纽埃本土地理环境、自然资源、经济条件等限制，纽埃政府实质上并没有脱离对新西兰的依赖。独立后的纽埃和新西兰之间仍然保持着非常密切但又十分自由的外交关系，双方均允许各自居民自由来往于两国，纽埃居民同时可以拥有纽埃和新西兰两国的国籍。而根据1974年有关纽埃独立的相关文件与协议，新西兰有义务向纽埃提供必要的军事、防务、外交及经济援助，有权向纽埃派出高级专员，协助纽埃政府处理相关事务，但纽埃从此成为联合国框架内具有独立的政治自治能力的实体。

纽埃本质上是新西兰政府的自由联合体，实行内部自治，在政治体系上，采用英联邦国家的君主立宪政体，英国女王伊丽莎白二世是纽埃名义上的国家元首。英国女王任命总督代理行使管理职责，纽埃现任总督杰里·迈特帕里本人也是新西兰的第 20 任总督。

第五节 著名历史人物

詹姆斯·库克 詹姆斯·库克（1728~1779）是英国近代史上著名的探险家、航海家、地图测绘师、英国皇家海军陆军上尉，也是欧洲历史上第一位登陆澳大利亚东海岸和夏威夷群岛的航海家，第一位有史料记载的环绕新西兰航行的人。1766 年，库克接受任务，作为指挥官，开始了他的三次太平洋航行任务。三年航海期间，库克到访过上千个岛屿，包括以前从没有发现过的岛屿，在欧洲历史上第一次比较详细地绘制了从新西兰到夏威夷这一区域的地图。

1774 年，詹姆斯·库克率领船只到达今天的库克群岛，包括纽埃，此后曾三次试图登陆纽埃，都以失败告终。此后，库克主要在太平洋南部地区航行，从而成为第一个经过南极圈的航海家，并于 1774 年 1 月 31 日到达南纬 71°10′地区。此后，库克曾经到达汤加、复活节岛、诺福克岛、新喀里多尼亚岛、瓦努阿图等地，并再次光顾纽埃岛，依然没能成功登陆纽埃岛。在返回英国的途中，库克登陆南乔治亚群岛，并将此地标示为英国的领土。

库克的海上探险活动具有重大的历史意义，为欧洲人了解太平洋地区提供了重要的资料，尤其是他根据航海记录绘制的太平洋地区航海图具有非同寻常的历史价值。库克在航海中所发现的许多岛屿，包括纽埃岛和库克群岛，都属于人类的首次发现。

马泰欧·图依托加 1830 年英国探险者约翰·威廉姆斯成功

纽 埃

登陆纽埃以后，基督教逐渐传入纽埃，纽埃同外界的交流也日益频繁。为保护本岛居民同外界交流时的利益，1849年纽埃成立了第一个议会，1875年选举阿洛菲人马泰欧·图依托加（生卒日期不详）为纽埃国王。马泰欧·图依托加是纽埃第一位信仰基督教的国王，也是纽埃有历史记载的第一位国王。

法塔阿依基 法塔阿依基出生年月不详，死于1896年。据传，法塔阿依基是纽埃的第七任国王，也是纽埃有史记载的第二位信仰基督教的国王。法塔阿依基接替马泰欧·图依托加，从1887年开始管理国家，1888年11月21日正式继任，一直执政到1896年去世。继任以后，法塔阿依基的第一项重要举措就是致信英国的维多利亚女王，请求英国女王同意纽埃为英国的"保护国"。法塔阿依基的第一封信没有得到女王的答复，于是他于1895年再次致信维多利亚女王，维多利亚女王依然没有给他答复。直到1900年，英国议会才通过决议，宣布正式托管纽埃，标志着纽埃近代史的开端。

托吉亚 托吉亚（生卒日期不详）1896年6月30日接替法塔阿依基成为纽埃的第八任国王，管理纽埃。托吉亚任职期间的重要贡献是制定法令，禁止纽埃人把土地出售给外国人，同时禁止外国人向纽埃人出售酒类商品。托吉亚任期内的另一个重大贡献是完成了法塔阿依基的遗愿，最终实现了英国政府对纽埃的政治托管。托吉亚也因此成为英国正式托管纽埃期间的第一位纽埃国王，同时也是纽埃最后一位国王。正是在托吉亚任职期间，英国政府开始向纽埃派遣属地居民代表。史蒂芬森·帕西·史密斯在纽埃进行研究期间曾经得到托吉亚的大力帮助，史密斯的著作《纽埃岛及其人民》得以出版，该书也成为世界了解纽埃的第一份重要的书面材料，也是目前为止最权威的资料。

杰里·迈特帕里 新西兰陆军中将杰里·迈特帕里，1954年出生，是新西兰的第20任总督、纽埃的第9任总督，目前依然在任。

1972年杰里·迈特帕里参军，成为新西兰军队正规部队士兵。1976年毕业于澳大利亚的波特西管理干部学校，先后任职于新西兰皇家步兵团以及新西兰特别空勤部队，1979年在新加坡任排长。1994～1998年，杰里·迈特帕里先后参加驻黎巴嫩南部和驻布干维尔岛的维和行动；1999年被提升为新西兰联合部队陆军准将，任地面部队指挥官。1999年12月到2001年7月，杰里·迈特帕里担任东帝汶联合国过渡政府新西兰部队的联合司令。

2002年，杰里·迈特帕里被提升为少将，担任总参谋长，同年任军队参谋长。2006年被提升为中将，担任新西兰三军总长，直到2011年1月24日。2010年8月26日，新西兰总理约翰·基任命杰里·迈特帕里为政府通信安全局主任，2011年2月7日上任，任期5年，但是同年7月1日便离开该岗位。2011年8月，新西兰总理约翰·基宣布他为新一任新西兰总督，英国女王伊丽莎白二世亲自任命其担任纽埃的第9任总督，任期5年。

史蒂芬森·帕西·史密斯 史蒂芬森·帕西·史密斯（1840～1922年）是著名的人种学者。1892年1月，主持成立波利尼西亚协会，同时也是《波利尼西亚协会杂志》的联合主编之一。之后的几年间，史密斯曾乘船到太平洋岛国进行航海旅行，为其研究波利尼西亚人收集资料，并在此期间登陆了纽埃，同纽埃国王法塔阿依基交往甚密。他在其专著《纽埃岛及其人民》一书中的许多信息就是法塔阿依基提供的。1900年，史密斯退休，专心进行研究，

纽 埃

1902年前往纽埃。[①] 史密斯在纽埃待了5个月的时间,为纽埃成立管理政府及立法机构做了大量准备工作,并着手起草纽埃宪法。人们关于纽埃最早的资料多为史密斯在此期间收集的。

罗伯特·莱克斯 罗伯特·莱克斯(1909~1992)的父亲曾是驻纽埃阿瓦泰莱村的欧洲商人,莱克斯后来移居阿洛菲。1974年,纽埃脱离新西兰控制,成为新西兰的自由联合体,并成立了第一届政府,罗伯特·莱克斯当选为独立后纽埃政府的第一任总理,一直到1992年去世。莱克斯反对纽埃实施政党政治,但自从1987年纽埃人民党成立以来,他却得到该党的热烈拥护。在近二十年的任期当中,莱克斯先后担任过纽埃政府所有的部长职务。由于工作出色,莱克斯曾获得大英帝国勋章。他是第一个被授予大英帝国二级勋爵头衔的纽埃人。

[①] 在史蒂芬森·帕西·史密斯之后来到纽埃的克里斯托夫·弗雷克·马克斯韦尔通常被认为是第一位由新西兰政府正式派任纽埃的属地居民代表。

第三章

政 治

第一节 国体与政体

1887年纽埃国王法塔阿依基登基以后多次致信英国女王，要求纽埃成为英国的"保护国"。英国政府最终于1900年通过决议，正式对纽埃实行政治托管。经过协商，英国政府于1903年又将纽埃划归由新西兰实行全面托管，纽埃在法律上成为新西兰的附属国。1974年，新西兰议会通过决定，允许纽埃实行内部自治，但依然作为英联邦国家的一员，英国女王是纽埃名义上的国家元首。

政治独立后的纽埃属于资本主义国家，依然沿用英国、新西兰的政治体制，采用英联邦的君主立宪政体、一院制议会制度，实行政府内阁制度，内阁成员由议会选举产生。作为英联邦成员国，英国女王伊丽莎白二世是纽埃名义上的国家元首。英国女王派任总督代为行使管理职责，纽埃现任总督杰里·迈特帕里本人也是新西兰的第20任总督。

第二节 宪法

1974年，纽埃议会在纽埃人民中组织投票，决定纽埃成立内

纽 埃

部自治政府。1974年10月19日，新西兰议会通过《纽埃宪法》，同意纽埃成立内部自治政府，由纽埃人组建自己的行政机构、立法机构、司法机构，标志着纽埃的政治独立。从当年开始，纽埃人民便可以选举自己的政府。《纽埃宪法》[①]从政府机构、立法、司法、公共收入、卫生教育及社会服务、公共服务等八个方面对政治独立后的纽埃各个部门和部门工作人员的工作规则进行了详细的规定。

宪法第一部分规定，纽埃的最高行政权力属于英国女王，女王派任总督代为管理纽埃事务。纽埃应该成立由总理和其他3名部长组成的内阁，内阁成员应代替女王管理纽埃，并效忠于女王。这一部分也规定了纽埃政府内阁成员产生的办法、政府机构的组织形式以及政府内阁成员的权力及义务。按照宪法规定，纽埃属于英联邦国家，是新西兰的政治自由联合体。

宪法第二部分指定纽埃议会是纽埃唯一合法的立法机构，负责制定纽埃的所有法律。该部分还规定了纽埃议会的成员构成、议会成员资格及其产生的形式，议会的权力、责任和义务，以及议会的工作流程。《纽埃宪法》专门指出，在未经纽埃议会同意的情况下，新西兰的立法机构不应干预纽埃议会立法。

宪法第三部分指出纽埃高级法院是纽埃唯一合法的最高司法机构，负责纽埃法律的实施。该部分还规定了纽埃高级法院的三个分支部门，即民事法庭、刑事法庭和土地法庭。同时，《纽埃宪法》也对纽埃司法部门的成员资格、构成、权力、义务、责任以及司法流程等进行了严格的限定。

[①] 本书中所有有关纽埃宪法、法律条文、法规等文件，均源自纽埃政府官方网站，http://www.gov.nu/wb/。下文不再一一注释。

宪法第四部分指出纽埃的所有税收都必须接受立法部门的监督，所有的政府收入都应存入纽埃政府账户和特定的基金账户。各个部门应做好开支预算，由政府内阁监督执行，各部门财务收支应接受审计部门的审计。

宪法第五部分规定，纽埃政府应该负责建立医疗卫生机构，为纽埃居民提供医疗服务，同时还应负责建立各级学校及相应的配套设施，并组建其他社会服务机构。

宪法第六部分规定，纽埃政府应该组建纽埃公共服务部门，协助政府内阁成员进行管理，提供公共服务。纽埃公共服务部门成立公共服务委员会，具体负责各项公共事务的管理。宪法对纽埃公共服务委员会的权力、义务、责任及工作流程等做了规定。

《纽埃宪法》的第七、第八部分属于补充内容。第七部分指出宪法颁布以后，纽埃原有的法律条文未经议会撤销的将依然有效，同时制作纽埃的国旗、国徽。第八部分则是对宪法中相关术语、条款的补充阐释。

《纽埃宪法》颁布的同一年，新西兰议会还通过了《纽埃宪法法案》，对《纽埃宪法》做出补充规定。该法案指出：（1）《纽埃宪法法案》是纽埃法律的一部分；（2）纽埃实行自治；（3）《纽埃宪法》使用纽埃语和英语两种语言版本，是纽埃的最高法律；新西兰政府、法庭或其他权力机构行使与纽埃有关的职责及权力时，都应严格遵守《纽埃宪法》的相关规定；（4）该法案和《纽埃宪法》不适用于英国和新西兰公民；（5）新西兰代替英国女王负责纽埃的外交及国防事务；（6）新西兰政府应继续为纽埃提供经济及行政援助；（7）根据该法案和《纽埃宪法》，新西兰和纽埃在相关事务中应在双方总理协商的前提下积极开展合作，纽埃制定

纽 埃

相关法律条文时不应与该法案及宪法相抵触；（8）新西兰政府应在纽埃派驻代表。①

纽埃把1974年新西兰议会通过的《纽埃宪法》及《纽埃宪法法案》作为纽埃的建国文献，是纽埃的最高法律，任何与之相对立的法律都是无效的。《纽埃宪法》规定立法部门制定法律时需要议会三分之二成员的多数同意才可通过，并需要三分之二的选民同意才可以实施。纽埃也曾经成立选举委员会，尝试修改宪法，但没有取得任何进展。

第三节　选举与政党

选举制度　根据《纽埃宪法》，纽埃采用一院制议会制度，由议会推选出1名总理组建内阁，制定相关政策，管理纽埃。根据《纽埃宪法》及1974年《纽埃宪法法案》，纽埃议会由20名议员和1名议长组成。《纽埃宪法》对纽埃选民的资格做了具体的规定：选民必须有新西兰国籍，或者是纽埃的永久居民，在纽埃住满3年以上，且在选举之前在纽埃连续居住12个月以上。符合这些条件的人可以作为选民选举议会议员或作为候选人参加竞选。

纽埃14个村庄的每个村庄都是一个独立的选区。选举当天，每个选区的选民可以选举7人，其中1人为本村居民，其他最多6人则需要从全国候选人中选出。根据《纽埃宪法》，各村获得提

---

① 根据纽埃政府官方网站 http://www.niuegov.com/ 提供的资料，纽埃居民可以同时拥有新西兰国籍，但《纽埃宪法》和《纽埃宪法法案》并没有对此做出规定。新西兰政府1977年的《居民身份条例》中，把纽埃、库克群岛等地居民当作新西兰人，因此纽埃人自然具有新西兰国籍。

名的议员候选人自动取得入选资格，其他 6 人则需要在选举当天临时选出。近年来，纽埃议会当选选民呈现明显的年轻化趋势，且都拥有较高的教育水平，议员中也包括女性。议会选举采取"简单多数票当选"制度，各村投票汇总后，票数最多的当选议员，但保证每个村中有 1 名议员。在选举产生的新议会第一次会议上，再从议会成员之外选举 1 人，担任议长。选举议长时，需要在议会成员中以绝对多数的票数通过。然后由议长代表议会，完成议员的就职宣誓。除负责议会事务之外，纽埃政府印章也由议长保管。

如果当选的议长当前任期内是议会议员，当选议长后，需要辞去当前议员职位，就任新议会的议长。议长没有投票权，但需要出席所有的会议，如不能参加，则需要指定代理人参加；如果议长职位空缺，则由议员中非部长议员担任议长，或重新选举新的议长。每届议会任期 3 年，期满后或根据总理建议由议长宣布解散议会，选举新议会。

2014 年 4 月纽埃议会重新进行选举，新一届议会成员见表 3-1。

表 3-1 2014 届纽埃议会成员

代表来源地区	代表姓名
南阿洛菲/Alofi South	塔拉吉/Hon Dalton Tagelagi
北阿洛菲/Alofi North	图库埃托加/Hon Va'aiga Tukuitoga
马凯富/Makefu	普莱塔玛/Tofua Puletama
图阿帕/Tuapa	F. I. 裴西吉亚/Hon Fisa Igilisi Pihigia
纳穆库卢/Namukulu	利裴托亚/Jack Willie Lipitoa, QSM
希库塔瓦凯/Hikutavake	塔拉法西/Opili Talafasi
托埃/Toi	塔乌菲图/Hon Dion Paki Taufitu

纽 埃

续表

代表来源地区	代表姓名
穆塔劳/Mutalau	摩图佛乌/Hon Bill Vakaafi Motufoou
拉凯帕/Lakepa	马佳托吉亚/Hon Kupa Magatogia
利库/Liku	西裴莱/Hon Pokotoa Sipeli
哈库普/Hakupu	维维安/Hon Mititaiagimene Young Vivian
瓦伊阿/Vaiea	塔来提/Talaititama Talaiti
阿瓦泰莱/Avatele	B. G. 塔莱吉/Hon Billy Graham Talagi
塔马考托加/Tamakautona	福纳吉/Peter Andrew Funaki
普选名额/Common Roll	卡啦乌尼/Stanley Atuvaha Kalauni
普选名额/Common Roll	T. T. 塔莱吉/Hon Toke Tufukia Talagi
普选名额/Common Roll	塔图埃/Crossley Tatui
普选名额/Common Roll	西奥内浩罗/Hon Togia Likalika Sioneholo
普选名额/Common Roll	科欧/Hon Terry Donald Coe
普选名额/Common Roll	维利亚姆/Hon Joan Sisiata Tahafa Viliamu
议长/Speaker of the House	T. 裴西吉亚/Togiavalu Pihigia

资料来源：纽埃政府官方网站，http://www.gov.nu/wb/。

议会产生以后，纽埃总理由议会从这 20 名议员中推选产生，任期也是 3 年，但可以通过选举连任。在新一届纽埃议会第一次会议上，总理以绝对多数票数的形式投票选举产生，选举以后立即上任，兼任外交、财政、海关、税收、政府资产、基础设施建设、交通、警察和国家安全、法律、经济发展计划和统计、民航、私有企业发展、贸易、旅游、移民和人口、邮政和电信事务等部部长。总理应在上任以后的 7 天之内（不包括总理选举当天），在征得本人同意的情况下，从另外 19 名议员中选举 3 人担任政府其他各部部长，并将名单提交议会议长，由议长宣布各部部长的任命，组成内阁。如果总理在 7 天内不能向议长提交部长名单，则总理的选举无效，纽埃议会将重新组织会议，选举新的总理。

根据《纽埃宪法》规定，纽埃公共服务部应任命纽埃议会秘书1名，议会秘书向议长及议会议员负责，负责安排相关会议，保存会议材料，安排议长签署相关文件和证书的工作，并负责相关文件、证书的保管。

政党 纽埃虽然采用英联邦国家的政治体制，但其政党政治并不成熟，仅是一个概念而已。纽埃人民党又称纽埃人民行动党，是纽埃的主要政党，也是纽埃唯一的政党。该党成立于1987年，1996年第一次进入议会，作为反对派赢得1999年的大选，其政党领袖萨尼·拉卡塔尼当选总理。在2002年4月的选举中，纽埃人民党获得6个席位，在20名议会议员中得到14票的支持票，再次成为执政党。该党领袖，上一届内阁的副总理扬·维维安接替拉卡塔尼担任总理，拉卡塔尼则成为副总理。2003年，由于内部纷争，纽埃人民党宣布解散。自此以后，纽埃没有政党。[①] 现任纽埃总理托克·塔拉吉不属于任何党派。

第四节 行政机构

纽埃国内、国际事务的管理实行内阁负责制。纽埃政府内阁由总理和总理提名的3名部长组成，同纽埃议会一致，每届政府任期3年，内阁成员通过选举可以连任。内阁负责制定相关政策，管理纽埃。按照宪法规定，总理兼任外交、财政、海关、税收、政府资产、基础设施建设、交通、警察和国家安全、法律、经济发展计划和统计、民航、私有企业发展、贸易、旅游、移民和人口、邮政和电信事务等部部长。议长向各部长发出任命通知，总理负责为其他

---

① http://en.wikipedia.org/wiki/Niue_People%27s_Party.

3位部长分配任务,通常1人兼任多个部门的部长:教育、农林渔业、行政服务事务部长1人;公共工程、司法、土地和测量、燃料事务部长1人;卫生、社区事务部长1人。[①] 按照《纽埃宪法》规定,纽埃公共服务部应任命内阁秘书1名,内阁秘书向政府内阁负责,负责安排内阁会议,保存会议材料,并向相关人员或部门传达内阁的决议。

自1974年成立自治政府以来,纽埃共选举产生5位总理,包括罗伯特·莱克斯(1974年10月19日至1992年12月12日)、扬·维维安(1992年12月12日至1993年3月9日;2002年5月1日至2008年6月19日)、弗兰克·路易(1993年3月9日至1999年3月26日)、萨尼·拉卡塔尼(1999年3月26日至2002年5月1日)、托克·塔拉吉(2008年6月19日至今)。其中,第一任总理罗伯特·莱克斯任期最长,长达18年之久;扬·维维安先后担任三届内阁总理。

纽埃成立自治政府后的历届总理及其任期见表3-2。[②]

表3-2 纽埃历届总理及其任期

序号	姓名	任期	党派
1	罗伯特·莱克斯	1974.10.19~1992.12.12	无党派
2	扬·维维安	1992.12.12~1993.03.09	无党派
3	弗兰克·路易	1993.03.09~1999.03.26	无党派
4	萨尼·拉卡塔尼	1999.03.26~2002.05.01	纽埃人民党
5	扬·维维安	2002.05.01~2005.05.01	纽埃人民党
	扬·维维安	2005.05.01~2008.06.19	无党派
6	托克·塔拉吉	2008.06.19~现在	无党派

---

① 但实际的内阁成员所负责的部门事务会与《纽埃宪法》的规定有差异。
② http://en.wikipedia.org/wiki/Premier_of_Niue.

第三章 政 治

纽埃本届政府于2014年4月由纽埃议会选举产生。托克·塔拉吉①再度胜选连任，第三次出任总理，兼任外交、税收、经济发展计划和统计、公共服务、内政、旅游、法律、体育、住房、能源等部部长。本届政府的另外三位部长是波科托亚·希佩利、比利·塔拉吉、多尔顿·塔格拉吉。波科托亚·希佩利任社区事务、司法、卫生、教育等部部长；比利·塔拉吉任自然资源、农林渔业、环境、气象事务等部部长；多尔顿·塔格拉吉任邮政、通信、运输、电力、基础设施建设、水利事务等部部长。其中，公共服务部、环境部、农林渔业部、水利事务部、气象事务部、卫生部、电力部是纽埃政府中比较重要的部门。

根据《纽埃宪法》规定，纽埃公共服务部主要负责纽埃政府各项行政及相关事务的管理工作。宪法规定，任何不是公共服务部的职员或政府部门授权的人员不得参与纽埃政府行政及相关事务的管理工作。公共服务部设立政府秘书办公室，总体负责管理公共服务部的事务，政府秘书也是纽埃政府的主要行政官员。政府秘书应对内阁负责，指导各个部门开展工作，各个部门领导应向政府秘书汇报工作。政府秘书由纽埃公共服务委员会任命，纽埃公共服务委员会在任命政府秘书之前需要向总理咨询并征得内阁的同意，但公共服务部职员无权反对。

---

① 托克·塔拉吉，纽埃现任总理，生于1951年1月，1975年毕业于新西兰梅西大学，获农业学学士学位，之后回国担任畜牧业官员。1981年起先后任纽埃驻新西兰奥克兰高专署总领事、纽埃经济事务办公室主任。1999年当选议员，2002年任副总理，负责财政、邮政、通信、教育和环境等事务。2005年起任巡回大使和纽埃驻非加太－欧盟协定代表，2008年6月当选总理。2011年5月、2014年4月两度胜选连任。相关信息参见 http：//www.fmprc.gov.cn/mfa_chn/gjhdq_603914/gj_603916/dyz_608952/1206_609328/。

纽 埃

为协助公共服务部开展工作，纽埃政府组建纽埃公共服务委员会。纽埃公共服务委员会向政府内阁负责，就公共服务领域相关问题及政府部门工作情况向内阁汇报，并向纽埃议会议长提交工作报告，或向议会提供建议。该委员会由政府内阁任命的3名成员组成，其中1人由内阁任命，担任委员会主席。每届委员会主席及成员任期3年，但可以连任。委员会成员有权辞职，或由内阁解除任命。

宪法规定，公共服务委员会会议召开需要至少2名委员出席，委员会也有权邀请相关人员参加委员会会议。委员会任何决议的出台需要至少2名委员同意，可以当场表决，也可以通过全部委员签署意见的形式通过。此外，公共服务委员会按照宪法规定行使法律赋予公共服务部的权力，负责公共服务部各项事务的组织与管理，并监督政府各部门的工作，根据宪法确定公共服务部职员的任职条件、任职期限等，独立执行公共服务部职员的任免。

环境部也是纽埃政府的重要部门，负责处理纽埃的环境问题，确保纽埃的可持续发展。近年来，其部分职能转至总理办公室下的经济发展计划和统计部。环境部需要对国家综合战略进行宏观设计，在任何新业务开发计划的形成与实施阶段起统领作用。但由于缺乏政府中央机构的建议，环境部难以开展有力的监管、更新和开发工作。当前环境部所面临的主要问题是缺乏必要的技术人员储备，像生物多样性与国际水源项目等前景较好的工程无法持续开展。地下水资源储量评估与质量检测，以及垃圾处理系统改进等是当前纽埃需要尽快解决的问题，都需要政府机构和决策者进行协商，以尽快找到有效的解决方法。在环境保护领域的国际事务方面，纽埃环境部很好地履行了纽埃政府所签署的各项国际公约中规定的工作，但某些工作效果不佳。

农业是纽埃的重要经济支柱，因此农林渔业部也是纽埃政府的重要部门。除负责农业相关工作之外，农林渔业部还负责一些地域性工作的管理，例如《关于持久性有机污染物的斯德哥尔摩公约》、《生物安全与国际水源项目》、《南太平洋禁止长流网捕鱼公约》、《中西太平洋高度洄游鱼类种群养护和管理公约》等公约所规定的相关工作以及纽埃本土土壤退化治理等工作。农林渔业部根据国家综合战略计划，努力发展渔业，寻求与新西兰渔业集团的合作，负责管理香草和诺丽果等有机作物的种植、生产与出口。近年来除草剂、合成化肥等农业物资的进口给纽埃生态环境造成的负面影响也是农林渔业部需要考虑的问题。

水利事务部在电力部门的合作下，负责开发纽埃的地下水资源，实现全国用水供给，同时与卫生部合作进行水质、水量监测。由于地下水的提取需要耗费巨大的电力资源，水利事务部还需要探讨更加环保的水资源保护方法。其中，收集雨水是水利事务部需要处理的重要工作之一。除此之外，水利事务部还负责国际水资源项目中规定的相关工作。

气象事务部负责纽埃天气、气象相关事务，包括国际气候变化工程项目中需要纽埃参与开展的工作。气象事务部的主要工作就是收集、发布天气信息，尤其是在台风、飓风等恶劣天气预报方面做到绝对精确。协助电力部、环境部、经济发展计划和统计部处理有关天气、气候的可再生能源开发、温室气体控制、可持续发展等问题。

卫生部主要负责纽埃的公共卫生防疫工作，包括饮用水质量控制以及垃圾处理等事务。同时，卫生部还与水利事务部合作，控制水源质量；与环境部合作，管理垃圾处理。垃圾分类处理也在卫生

部的职责范围之内，卫生部负责废旧金属回收再利用工作，实现自然资源利用的效益最大化。污水及化学垃圾处理也是卫生部需妥善解决的问题。纽埃政府目前正着手制定政策增加纽埃人口，卫生部将面临更大的挑战。

电力部是纽埃政府的代理机构，负责纽埃电力的生产与输送。目前电力部需要解决燃料成本上涨对其发电公司带来的压力。针对该问题，电力部有两个解决方法：由电力用户支付高昂的费用，或者电力公司减少发电量。纽埃采取了第二种处理方式，导致纽埃在一定时期进行限量供电。风力发电、太阳能技术与设备的引入，能在一定程度上缓解这一问题。

第五节　立法机构

纽埃议会的前身是根据新西兰1915年的《库克群岛法案》建立的纽埃岛国委员会。该委员会于1959年解散后重组为纽埃议会。1974年纽埃获得内部自治后，纽埃议会获得了完全的立法权。2014年选举产生的议会议长是托吉亚瓦鲁·裴西吉亚。

《纽埃宪法》规定，纽埃议会是纽埃唯一合法的立法机构，成员包括议长1名和采用无记名投票方式选出的议员20名。20名议员当中，14名议员代表纽埃的14个村庄。每个村庄是一个选区，每个选区选出1名议员。另外6名议员由14个村庄从提名的候选人中投票选出。选民只能参加1个选区的投票，且不同选区选民的数量不能相差过大，如遇过大的情况，将重新划定选区范围。按照宪法，选民和候选人必须具有纽埃国籍、新西兰国籍，或符合宪法规定是纽埃的永久居民，在纽埃居住的时间不少于3年，且在选举之前已在纽埃停留12个月以上。纽埃公共服务部的公务员也可以参加议员竞选，竞选成功的公务员在担任议员期间不再从原来的工作部门领取薪金。任何议员如果成为公务员或者与其他部门签署劳动合同，则表示自动放弃议员资格。

纽埃议会会议由议长负责召集。议长从符合议员候选资格的选民当中选举产生，如果议员当选为议长，也需要放弃议员资格。议长在每次选举产生的新议会的第一次会议上选举产生。议长可以以书面形式向纽埃议会秘书提交辞职信。当议长辞职，或议长不符合继续担任议长的条件而离开议长职位时，纽埃议会也可以临时召开会议选举产生新的议长。已经当选议长，当选人应放弃原来职位。如果议长因个人原因不能参加议会会议，可委托政府内阁成员之外的议员代为参加。如无符合议长代理资格人员，则由议会秘书代为临时执行相关程序。议会保证新一届议会选举时当届议长依然在职。议长所签署的文件和证书应当取得议会秘书的确认。

议长应总理要求，并代表总理召开议会会议。如果超过6周不召集会议，4名以上的议员可要求议长召集会议并通知会议的时间和地点。议会所要通过的任何决议，需要获得绝对多数的投票同意，而且与会人数必须超过10人，且不包括议长。议会所通过的决议具有不可争议的法律效力。

根据宪法，纽埃议会有权制定维护纽埃和平、秩序以及确保政府良好运转的法律，也有权制定涉及纽埃海外事务和人员的法律。任何议员都可以向议会提交议案，由议会进行讨论、表决，但有关财政问题，未经总理或代总理行使职责的部长的同意，不得作为议案提交议会讨论。有关公共服务部人员的工资、津贴、处罚、管理，或人员任命、晋升、调动、退休、停

职、开除、解散等问题，在公共服务委员会没有就上述事件涉及的法律、宪法、政策问题向议会提交报告之前，不得作为议案提交议会讨论。此外，有关纽埃土地归属、土地转让，或公共用途的土地购买、征用等问题，在调查委员会没有就现有法律、宪法、政策规定的相关问题向议会提交报告之前，也不能提交议会讨论。允许提交议会讨论的任何议案，如果通过了议会投票表决，且议长认为通过的议案符合宪法规定，符合议会的议事日程，便在议案上背书同意，并在议会秘书面前签名认证并加盖纽埃印章、填写日期，议会秘书当着议长的面进行确认，议案就成为法律，并在签署的当天生效。纽埃议会有权撤销、废除、补充、修改、拓展涉及纽埃的正在应用的法律条文。

第六节　司法机构

纽埃司法机构由高级法院、上诉法院构成，高级法院下设刑事法庭、民事法庭和土地法庭。[①] 纽埃高级法院是纽埃合法的司法机构。纽埃高级法院有权依照宪法对纽埃的刑事、民事问题实施司法管理，包括与土地有关的民事问题，保证纽埃各项法律政策的有效实施。民事法庭和刑事法庭应该依法对各种刑事或民事诉讼案件进行听证，做出裁决；土地法庭负责处理所有与土地有关的民事诉讼案件。

---

① 本书中有关纽埃宪法、法律的文件资料均出自 1974 年的《纽埃宪法》及纽埃政府官方网站提供的各款法律条文或者行政条例。波科托亚·希佩利担任 2014 年选举产生的新一届政府的司法部部长。相关信息参见 http://www.gov.nu/wb/。

纽埃高级法院设有首席法官、普通法官、高级法院专员、治安法官等职位。高级法院的法官可以有1人或多人，法官的设立必须符合宪法相关条文的规定。如果只有1名法官，这个法官就是纽埃的首席法官；但如果有2名以上的法官，只有其中的1名法官被任命为首席法官。如果首席法官因故不能履行职责，则由其他法官代为行使，直到首席法官恢复工作或已经任命新的首席法官。在必要情况下，内阁也可以任命其他有资格人员担任临时法官。

在纽埃，高级法院的首席法官由总督按照总理的提议，代替内阁进行任命，其他法官则由总督按照高级法院首席法官和司法部部长的提议，代替内阁进行任命。除临时法官外，各级法官的年龄均不应该超过68岁，但如果在职，即使超过宪法规定的年龄，该法官的司法决定依然有效。各级法官有权以书面形式向总督提交辞职报告，总督也有权按照总理的提议，代表内阁罢免高级法院的首席法官和其他法官。当然，只有现任各级法官不能行使司法管理职能或因为不当行为不适合继续从事司法管理工作的情况下，总督才可以免去他的职位。

除各级法官之外，纽埃政府还可以任命68岁以下的人担任高级法院专员一职，时任议会议员不可以担任这一职务，但是高级法院专员在公共服务委员会同意的情况下，可以同时担任纽埃公共服务部的职务，或同时具有其他雇员身份。同时担任公共服务部职务的高级法院专员在进行司法事务管理时，不受公共服务委员会的控制。和各级法官一样，如果在任职期间，即使超过68岁，他所做出的司法决定依然有效。同样，高级法院专员也可以以书面形式提出辞职。政府内阁也可以任命任何年龄的人担任高级法院临时

纽埃

专员。

高级法院专员可以行使高级法院法官行使的职能，包括司法职能、行政职能，但不能行使首席法官专有的职能。高级法院专员的薪资待遇同于法官，但如果在担任高级法院专员的同时兼任其他职务，则按其实际履行职责的大小由纽埃政府发放薪酬或津贴。此外，在任职期间，高级法院专员的工资有机会增加，但通常不会降低，除非所有人员的工资都进行下行调整。在任免方面，在高级法院专员不能继续履行职责或行为不当而不能继续履行职责时，政府内阁在首席法官的建议下，可以罢免其职务。

纽埃政府内阁还可以设立治安法官一职。治安法官行使高级法院专员的职能。政府内阁有权依据首席法官的建议罢免治安法官。

除了高级法院及其下设的3个法庭之外，纽埃司法系统还设有上诉法院。上诉法院的法官应该是高级法院的首席法官和其他法官，或经总理提议，由总督代替内阁重新任命，但必须由首席法官担任上诉法院的院长。如果院长不在，则由其他最高级别的法官主持工作。上诉法院法官的级别以其任命的日期而论，不论他是高级法院法官还是上诉法院法官或者海外法院法官。

上诉法院的所有权力均由3名法官实施，但须有其他成员参与审判，如果没有其他成员，则由上诉法院的登记人参与审判。上诉法院的任何判决都需要得到在场法官多数人的同意。但是上诉法院的法官不可以听证或审判经他审判或他参与审判的案件的申诉。按照宪法规定，上诉法院的判决应该是最终判决。而且根据宪法规定，上诉法院有权审判高级法院审判过的任何案件的上诉，但高级法院已经裁定为最终审判的案件除外。关于高级法院裁决案件的上诉复审结果应该在加盖上诉法院的公章后，由上诉法院的登记人转交给高级法院的登记人，并由高级法院的登记人进行登记存档。如有必要则由高级法院重新审理，或按照上诉法院的裁定重新审理。

第四章
经　济

第一节　经济概况

纽埃是世界上唯一一个全国土地均由珊瑚礁石构成的岛国，除了珊瑚礁之外，岛上没有任何其他种类的石头露出海面。纽埃资源贫乏，土地贫瘠，没有石油、黄金、煤炭等自然矿产资源。受其自然条件的限制，纽埃的经济十分脆弱，经济发展受到很多的限制，比如交通不便，尤其是航空服务比较落后，缺乏技术人员和企业家、土地面积小、土壤贫瘠等。除此之外，纽埃自然灾害频繁，尤其是飓风袭击经常给纽埃带来毁灭性的打击。长期以来，纽埃人口的持续下降反映了纽埃的经济状况，反过来这又影响了纽埃经济的发展。

纽埃的国内生产总值（GDP）一直处于较低水平。根据2003年的统计，纽埃的GDP为1000万新西兰元，[①] 增长率为6.2%，人均GDP为5800新西兰元，但纽埃人的生活水平处于国际贫困线之上。2003年的GDP构成当中，农业占23.5%，工业占26.9%，服务行业占49.6%。2010年，纽埃GDP增长为1590万

---

① 纽埃使用新西兰元和纽埃币两种货币，以新西兰元为主。

纽　埃

新西兰元，人均 GDP 为 1.04 万新西兰元。2012 年，纽埃 GDP 为 2393 万新西兰元，人均 GDP 为 1.48 万新西兰元，较 2010 年有了一定的增长。

纽埃的农业生产主要用于国内消费，少部分农产品，如诺丽果（或诺丽果汁）、少量香草和蜂蜜、可可、椰肉干、西番莲果、木瓜、芋头、酸橙等产品出口国外。新西兰是纽埃农产品的主要出口市场，此外还有部分农产品出口到澳大利亚、斐济、库克群岛等地。纽埃的工业发展严重不足，企业较少，主要为小型农产品加工厂，加工的产品多为西番莲果、酸橙油、蜂蜜、可可等。

近年来，旅游业成为纽埃最主要的经济来源，主要通过深海潜水、帆船比赛等项目吸引世界各地的游客，每年有近百万美元的收入。旅游业作为纽埃经济的支柱产业，为纽埃带来可观的收入，但纽埃独特的气候条件又对经济产生了较大的负面影响。纽埃气候分旱季和雨季，飓风、台风等恶劣天气发生频繁，降水年度不均，旅游业容易受到极端天气的影响。[①] 2004 年飓风"赫塔"的袭击，给纽埃的旅游设施带来了毁灭性的影响。此外，纽埃政府还通过向国外游客出售邮票、向国外组织和个人出售渔业许可证等方式增加政府收入。

除了国外援助及国内生产获得的收入之外，纽埃还通过各种税收或收取服务费增加政府收入。税收是纽埃主要的财政收入来源之一。根据 1961 年《纽埃个人所得税条例》，不管纳税人是否在纽埃本土，纽埃的所有居民只要获得收入都需要缴纳一定数额的个人所得税。需要征收的税额按照收入的多少分段计算。但政府

---

① http://www.citelighter.com/political-science/countries/knowledgecards/niue.

给予的津贴或补助、海外资助、其他单位已支付税收的税后收入、红利、利息，以及纽埃特殊收入等，不再缴纳个人所得税。根据2009年《纽埃消费税法案》，纽埃政府向应税商品和应税进口商品征税，包括由境外进口的所有应税商品，按照12.5%的比例征税。此外，按照1996年的《纽埃国内渔业法案》，纽埃政府对纽埃国内渔业行为收取渔业租赁费，由纽埃农林渔业部的渔业办公室负责管理。

第二节 经济制度与政策

经济制度 纽埃是资本主义国家，总体上实行生产资料及财产的资本主义私有制。由于严重依赖新西兰的经济援助，加上缺乏自然资源，除了旅游业之外，纽埃并没有其他具备一定规模的产业。为刺激本国经济发展，摆脱对国际社会的依赖，近年来纽埃政府出台了一系列的激励政策，鼓励私有企业发展。纽埃政府将继续投资，以促进各个领域私营经济的发展，但都有可能是短期收益。纽埃政府的一个重要举措是吸引外资开发纽埃的森林资源，但这有可能破坏环境，导致环境恶化，因此很难付诸实施。加之纽埃居民缺乏投资能力以及技术支持，也使得私营经济难以在纽埃快速发展。综观纽埃的经济发展现状，目前纽埃的私营经济主要分布在种植业、渔业、旅游业等领域。

纽埃的土地为纽埃居民的个人私有财产，是纽埃人不可剥夺的财产，也是纽埃经济生活中最重要的要素，不可以出售或转让给不具有纽埃国籍的任何人，但可以由子女继承，通常由长子继承。女儿也有一定的继承权，但远不如家庭中的男性后代拥有那么多的权

利。有些家庭因为缺少继承人常常会引发家庭纠纷，因此土地法庭成了纽埃司法机构中的重要部门。除了纽埃居民个人私有的土地之外，其他的土地资源均由纽埃政府控制。

国内经济政策 进入二十一世纪，纽埃政府所面临的经济发展压力逐年增大。2003年纽埃政府制订了《纽埃综合战略计划：2003~2008》（简称NISP），把发展作为国家的首要任务。根据该计划，纽埃政府要保证国家财政稳定，确保有足够的财政资源用以保证纽埃的可持续发展；实施稳定、透明、负责的政府管理；以可持续方式实现纽埃各种资源的利用效益最大化；倡导繁荣、文明、健康的生活方式，提供高质量的社会基础设施、社会服务，为全国人民提供良好的发展机遇；为了后代，合理开发纽埃的自然资源，实现可持续发展。该计划目标明确，列举了纽埃将要完成的目标，但是具体操作过程并不清晰，人们会依据个人的目的做出不同的阐释，导致经济发展与环境之间的矛盾，引发一系列问题。

农业、旅游业是纽埃的两大经济支柱。为保证支柱产业的科学发展，纽埃政府制定政策，努力完善各部门之间的协调与管理，以求充分利用各个部门和行业分散的技术资源和人力资源，同时又能保护纽埃脆弱的自然环境。为实现纽埃经济的可持续发展，2000年以来纽埃政府颁布了一系列政策法规[①]，包括《纽埃国内渔业法案》、《环境法规》、《水资源法规》等。

《环境法规》涉及如下问题：保护自然环境；实现自然资源的有效开发与利用；贯彻可持续发展观；保护水资源免受污染；保护

---

① 下列相关条文、法规参阅2006年《纽埃国家评估报告》。

本土动植物资源及其赖以生存的环境；保护沿海地区，避免资源滥用和过度开发；保护具有历史意义的地区不被滥用或过度开发；处理好纽埃人及纽埃文化传统同土地及历史的关系；做好生物资源的保护与可持续开发；处理好纽埃与他国的双边关系。

《水资源法规》中涉及了各村庄委员会的责任及义务。该法规旨在保证纽埃水资源的最优开发与利用；协调处理任何可能会影响水资源质量、数量、分布、应用、管理的行为；采用恰当的标准和技术调查、应用、控制、保护、运营和管理水资源；正确处理可能会污染水资源的物质。但是当前纽埃并没有有效的法律条文监督这一法规的实施。

2000年颁布的《森林法规》，其目的是保证纽埃现有森林资源得到保护与可持续开发，具体包括保证纽埃森林资源的可持续性开发应用，帮助社区保护好森林这一可开发资源；保留传统的受保护地区；优化现有土地的综合应用，防止过度砍伐森林；发展可持续性地方木材工业；关注原有森林物种；在发展林业的基础上鼓励以社区为单位开展植树造林。1967年的《村庄委员会法规》制定了村庄委员会的相关功能，包括建造主要公路之外的小路、公园、娱乐场所、风景区、瞭望台、保护区等，管理由村庄委员会管辖或控制的土地；建立森林保护区或种植树木；进行种植业、园艺业、林业、传统用地的管理；保护渔业及动植物资源。

1997年的《采矿法》赋予纽埃政府内阁颁发资源开采许可或调整授权许可的权力，其中一条规定用于开采矿产的土地面积不应超过0.16平方公里（约40英亩），长宽比不应超过2∶1。1996年颁布的《土地法规》，规定土地法庭在大多数成员同意的前提下，有权划定一定面积的土地作为保护区，或建造渔场、村庄、水库、教

堂、娱乐场所、游泳场等基础设施。

纽埃的经济严重依赖新西兰的援助，包括在新西兰的纽埃侨民的侨汇。但近几年来，由于经济发展速度减慢，新西兰政府逐渐减少了对纽埃的经济资助数额，平均每年减少了大约25万新西兰元的资金援助。2002年，纽埃的外债达到41万新西兰元。随着新西兰政府逐步减少经济援助，纽埃政府也开始逐步地精简政府工作人员，削减公共服务方面的开支。二十世纪八十年代中期，纽埃80%的成年人为政府工作，而到了九十年代，纽埃政府大批裁员，在一定程度上也减少了居民的收入。

纽埃政府的另一项举措是大力发展私人经济，鼓励私人企业或财团投资。2004年飓风"赫塔"袭击纽埃以后，政府拨款100多万新西兰元进行灾后重建，兴建福努阿库拉工业园。建成后的工业园由纽埃商业部负责管理，免费为入园企业提供咨询建议。为鼓励外国企业到纽埃投资，纽埃政府与新西兰经济发展署进行合作，通过政府网站（www.companies.gov.nu）为外国企业提供自主注册业务，并在税收等方面提供优惠政策。按照纽埃政府的规定，离岸公司的标准注册资本为10000美元，划分为10000股，每股1美元，注册资本可以是任何货币形式。一般来说，公司会发行一些有面值或没有面值的股票。此外，公司注册名称必须以Limited、Corporation、Incorporated、Societe Anonyme或Socieded Anonima等词的缩写作结束语，不能使用Assurance、Bank、Building Society、Chamber of Commerce、Chartered、Cooperative、Imperial、Insurance、Municipal、Royal或Trust等词，除非得到纽埃政府的特许。

发展金融服务业是纽埃政府恢复经济的另一项重要措施。2002年的《国际银行撤销法案》使得纽埃政府金融服务计划破产。迫于美国财政部的压力，纽埃答应停止开展"离岸银行"业务，以减少新西兰的税收压力。目前纽埃境内最知名的银行为澳大利亚的韦斯特派克银行，许多境外公司也都在此开立户头。纽埃政府还提高了个人所得税、进口税的征收比率，同时收取电话线路租用费，以期改善政府的财政状况。2009年，纽埃立法部门又通过了《纽埃消费税法案》，期望能增加12.5%的商品和服务税。为刺激经济，近几年，纽埃政府降低收入税，除烟草、酒类、饮料等商品之外，多数商品取消了进口税，非营业收入税也从原来的35%降到10%，目的在于提高劳动生产力，但都收效甚微。

第三节　农业

纽埃人历来对土地和自然界有一种无比的崇敬，非常关注对自然界的保护，但随着外部世界的影响以及本国经济发展面临的极大压力，纽埃人试图从其贫瘠的土地上获得最大的回报。尤其是近年来，纽埃政府增加投入，大力发展农业。

种植业　由于土壤贫瘠，在纽埃适于大规模耕种的农作物种类并不多。山芋是历代纽埃人的主要食物，相对于其他农作物，耕种面积较大。纽埃产的山芋质量上乘，在国际市场享有很好的声誉，也是纽埃出口的重要农产品之一，占据了新西兰和澳大利亚山芋市场的大部分份额，二十世纪六七十年代曾一度成为纽埃的象征性产品。除了山芋之外，木薯、甘薯、红薯、香蕉等也是纽埃产量较大的几种农作物，西番莲果、椰干、酸橙、诺丽果、可可等营养丰富，质量上乘，也是二十世纪七十年代以来纽埃主要的出口产品。

纽 埃

为迎合当今世界的发展潮流，有机食品也为纽埃农业的发展提供了出路。二十一世纪，山芋、香草、诺丽果等依然是纽埃出口的主要农产品，以其上乘的质量赢得了国际认可，也为纽埃政府带来了可观的收入。为发展有机农业，纽埃农林渔业部制定措施，为农业发展提供政府财政支持，受到纽埃广大农民的欢迎。但纽埃政府也面临一个非常尴尬的处境，在国际市场对纽埃有机农产品认可度逐渐提高，国际市场也越来越广阔的时候，纽埃有机农产品的产量却因其土地面积较小，土壤总体比较贫瘠，难以保证市场的需求。

2003年以后，纽埃曾经制定目标，争取纽埃农业到2020年实现机械化。二十世纪九十年代以来，纽埃人种植山芋的方式发生了重大变化，以前的人工砍伐或经过焚烧开垦土地的做法逐渐消失，代之以使用推土机开垦土地的机械化耕作。为增加产量，纽埃农民在种植这些作物，尤其在种植山芋时，大量使用化肥，以解决土壤贫瘠的问题，这反过来又使得纽埃有机农产品有名无实。同时，除草剂的使用，又对纽埃脆弱的生态环境造成严重破坏，生物物种正在逐渐减少，部分水源受到污染。纽埃政府也注意到了这些问题，但是凭借纽埃目前的财力、物力，很难找到有效解决这些问题的办法。除此之外，随着进口食品的多样化，山芋有可能会失去它在纽埃人生活中的主导地位，人们相应地也会减少山芋的种植。这既会减少纽埃政府农产品的出口创收，又会增加食品进口的支出。

和山芋一样，香草在纽埃也是一种非常普通的植物，但是历来没有受到纽埃人的关注。2000年以来，香草及其加工产品在国际市场上的需求日益增加。根据研究，香草豆是香草的果实，含有150~170种芳香成分及17种人体必需的氨基酸，具有极好的补肾、开胃、除胀、健脾等效果，是一种天然滋补、养颜良药，被誉为"天然香料之王"。加工后的成品干荚可直接利用，也可制成酊剂、浸膏、油树脂，调制各种高级香烟、名酒、特级茶叶、化妆品，也是各类糕点、糖果、奶油、咖啡、可可、冰激凌、雪糕等食品和饮料的配香原料。2003年，纽埃政府决定增加香草的产量，并寻求新西兰国际开发署的支持，开发香草产品。纽埃在北阿洛菲成立了纽埃香草国际公司（简称NVI）。该公司是一家私营公司，专注于纽埃香草种植、香草豆及其加工产品的改良与在国际市场上营销。纽埃香草国际公司为当地人提供了较多的就业机会，也为纽埃人改善生活创造了条件。这个项目在一定程度上解决了纽埃的就业问题。同时纽埃政府要求每户居民都开垦一定数量的土地，增加可耕种土地以及相适应树木的种植数量。

诺丽果是纽埃第三种具有独特营养价值的农产品。诺丽树的果实富含227种营养成分，包括13种维生素、16种矿物质（如钾、钠、锌、钙、铁、镁、磷、铜、硒等）、8种稀有元素、9种人体必需的氨基酸，有强身健体的效果，通常被誉为"水果王后"。2004年，为了开发诺丽果及其加工产品的国际市场，纽埃与新西兰里夫集团合作，建立了"瓦伊阿诺丽农场"。瓦伊阿诺丽农场也致力于生产符合国际标准的有机产品。根据新西兰生物种植集团（Bio-Gro NZ）的产品标准，纽埃瓦伊阿诺丽农场严格执行有机产品的生产流程和标准，所生产的诺丽果和诺丽果汁在国际市场享有较高的声誉。纽埃土壤含盐量和酸度高，加之严格的有机作物种植流程，造就了纽埃诺丽果独特的品质。

林业 纽埃国土总面积仅有260平方公里，但是可供农业开垦的土地面积多达204平方公里。然而，纽埃的土壤总体上比较贫

纽埃

瘠，硫化物的含量，尤其是硫化铁的含量较高，因此并不适合农作物的生长。然而纽埃人经过世世代代的努力，在贫瘠的土地上种植出大量的经济作物，其中不少农产品质量上乘，在国际市场上享有较高的声誉。纽埃中部地区的红褐色土壤多为珊瑚礁风化后形成的土壤，适合甘蔗、芋头等农作物的生长。纽埃的土地不适合大规模的农作物耕种，但树木生长茂盛。纽埃岛大部分地区被各种各样的植物覆盖。根据统计，纽埃岛上树木的种类多达 75 种以上，其中数量最多的是一些蕨类植物和低矮的灌木丛、次生林，还有榕树、塔希提树等大乔木，以及椰子树、扇状棕榈、露兜树等小乔木。纽埃岛的东南部地区，植物种类繁多，纽埃政府在此建立了虎瓦鲁森林保护区，并颁布法令，禁止砍伐，这里目前已经成为纽埃重要的旅游地。

渔业 渔业在纽埃国民经济中占据很重要的地位。然而，纽埃近海并没有足够的水产资源，远不如其周围的其他几个岛国。纽埃绝大部分地区海岸线非常曲折，不利于船只靠岸，人们无法在近海作业。但是纽埃远海水域水产丰富，盛产黄鳍金枪鱼、红鲈、旗鱼、陆蟹等。以前，纽埃通过向在其专属经济区从事渔业的外国船只收取捕鱼费，增加一部分收入。2004 年，中西太平洋渔业委员会（WCPFC）成立以后，纽埃政府关闭了其专属经济区，不再向外国渔船开放。由于相关协议，美国渔船不受此限制。纽埃政府关闭专属经济区的目的在于鼓励外国渔业公司在纽埃岛设立加工基地，以便为本国居民提供就业机会，同时又能为进行渔业统计收集数据。

2004 年，纽埃渔业加工有限公司成立。该公司建在南阿洛菲的阿曼诺，加工纽埃附近海域出产的鱼类，主要加工黄鳍金枪鱼，其产品主要出口海外市场。该公司成立之前所讨论的核心问题是经济发展，并没有充分考虑该公司对纽埃的自然环境和社会可能会造成的不良影响。尽管相关部门在这之前也做了一份社会经济水平评估报告，充分考虑了重要人物和重要机构组织（例如纽埃渔民协会）的意见，但由于某些未知原因并未得到关注。鉴于以上各种原因，纽埃渔业加工有限公司被迫于2007年12月关闭。

纽埃政府还根据1996年《纽埃国内渔业法案》规定，授权农林渔业部的渔业办公室对国内渔业行为收取渔业费。为保护纽埃的渔业资源，纽埃政府禁止采用非法手段捕鱼。该法案规定，任何单位和个人不得使用各种炸药、不符合标准的火器、毒药、网眼直径小于75毫米的渔网捕鱼或者潜水捕鱼，任何违反上述规定或种植、拥有可能危害鱼类生存的新几内亚藤蔓等有毒植物而不采取防治措施的视为违法，将处以500新西兰元以下的罚款或者6个月以下的拘留。农林渔业部所有部门和警察厅有权销毁新几内亚藤蔓的植株和种子，没收非法捕鱼的器具，而且政府有权宣布建立渔业保护区域，禁止捕鱼。本法案还规定某些鱼种是受保护鱼种，不得捕捞、出售繁殖期间的甲壳类水生动物或小于规定尺寸的鳌虾、蛤蚌等。纽埃政府还根据不同的情况限制某些种类的海洋产品的出口。纽埃政府还有特殊的规定，即任何人不得在星期日凌晨4点至晚上9点之间在纽埃水域内捕鱼。对于违反规定，在禁渔区捕鱼的将被处以500新西兰元以下的罚款或6个月以内的拘留。纽埃警察厅、渔业部门有权依法逮捕违法人员。

1996年《纽埃国内渔业法案》颁布后，任何船只在没有许可证的情况下不得进入海域捕鱼。渔业部门颁发许可证，每个许可证的有效期限为1年，固定在每年7月1日发放，次年6月30日失

纽埃

效，不符合条件的船只不予发放许可证。领取渔业许可证需要提前缴纳一定的费用，费用多少由政府决定，按年缴纳。2007年，纽埃政府对收费标准进行了调整，不同的船只年费标准不同。750公斤以下的船只年费是10新西兰元，750公斤以上的船只每年110新西兰元，雇用他人从事渔业的船只每年60新西兰元。

纽埃政府还向外国船只颁发捕鱼许可证，并对不同种类的船只收取不同的费用。每个许可证的有效期限为12个月，到期后可以重新申请。对于违反许可，没有缴纳费用的外国船只处以2500个处罚单位（约350000新西兰元）以下的罚款，继续进行作业则每天增加5个处罚单位（约700新西兰元）以下的罚款。根据2010年的《纽埃领海及专属经济区许可证条例》，外国船只许可证费用以美元为单位收取，申请费为50美元。

不同国籍的船只捕鱼许可证费用不同（见表4-1）。

表4-1 纽埃船只捕鱼许可证费用统计

单位：美元

船只种类	费用	船只种类	费用
12米以下纽埃本地船只	0~5000	25米及以下合营企业外国船只	1000~10000
12~25米纽埃本地船只	500~10000	25米以上合营企业外国船只	2500~15000
25米以上纽埃本地船只	1000~10000	25米及以下外国船只	1000~10000
25米及以下合营企业纽埃本地船只	1000~10000	25米以上外国船只	2500~15000
25米以上合营企业纽埃本地船只	2500~15000		

资料来源：《纽埃国内渔业法案》。

畜牧业 纽埃岛属于年轻的岛屿。有资料显示，纽埃地质上层部分可能形成于900万到500万年前的间冰期。但淡水资源缺乏，限制了岛上动植物种类的数量，纽埃岛上的动物种类非常少。理查德·沃尔特研究发现，以前该岛动物可能种类较多，大多已经灭绝，但又找不到可以证明动物灭绝的证据。[①] 除了人类养殖的家畜、家禽之外，自然界中能见到的动物也不过是 10 多种鸟类或其他海洋动物。受此影响，纽埃的肉食加工产业并不发达。目前除了进口外，纽埃肉食产品的主要来源是家养的家禽、猪和牛，但目前并没有形成规模化饲养。

第四节　旅游业

纽埃自然资源匮乏，没有任何具有开采价值的矿产资源，除了为数不多的农副产品生产及加工企业之外，几乎没有其他任何成规模的工业。但纽埃自然环境优美，因此旅游业成了纽埃最重要的收入来源。

纽埃岛的主体是百万年前火山喷发形成的。经过几次地质抬升，纽埃岛上形成了众多大大小小的峡谷。由于纽埃岛的岩石中含有大量的硫酸盐，经过海水长期的冲刷，海边、峡谷的岩壁上形成了众多岩洞。纽埃岛的四周被一圈环状的珊瑚礁包围，使得纽埃岛附近的海面比较平静。纽埃岛土壤贫瘠，不适合农作物的生长，但到处覆盖着各种各样的树木，风景优美。此外，纽埃属于热带海洋气候，气候凉爽温和，全年平均气温在 27℃ 左右，适于人类生活。这一切都为纽埃发展旅游业提供了便利条件，纽埃每年都吸引着大量的游客。据 2013 年的统计，仅首都阿洛菲附近，每年的海外游

[①] Richard Walter, "Archaeology of Niue Island: Initial Results," *The Journal of the Polynesian Society*, 104.4 (1995), p. 473.

纽 埃

客就有6000人次以上。

纽埃的帆船运动吸引着世界各地的游客。纽埃是南太平洋岛国中海洋环境非常恶劣的国家之一。除阿洛菲海湾可供大型船只停靠之外，纽埃几乎没有其他具有保护性的船只停靠港口，布满珊瑚礁的海底也对船只停靠造成很大的影响，因此纽埃人只好利用带网的浮标来保护停泊船只的安全。然而，正是这种挑战反而吸引了大量游客。纽埃的旅馆十分有限，为了接纳大量的游客，纽埃建造了许多背包旅馆。纽埃的帆船运动于每年的5月开始，帆船运动爱好者可以住在纽埃背包旅馆，这极大地带动了纽埃的旅馆、酒吧、饭店、商店等服务业和建筑业的发展。由于旅游业巨大的经济回报潜能，纽埃政府投入大量的人力、物力和财政支持，大力发展旅游业。1996年，纽埃设立旅游局，投资开发旅游景点。纽埃《旅游战略计划（2005~2015）》绘制了纽埃旅游业发展的蓝图。

纽埃官方统计网的数据显示，2003~2009年，世界各地来纽埃旅游的人数，基本呈现逐年增加的趋势，从2003年的2706人次增加到2008年的4748人次，游客消费总额也从2003年的2257364新西兰元增加到2008年的2819900新西兰元（见表4-2）。2010年以来，纽埃旅游业收入稳中有升，已成为纽埃主要的收入来源。

表4-2 2003~2009年纽埃游客及消费情况统计

单位：人次，新西兰元

来访年份	来访原因				总人数	同比增幅（%）	总消费额	同比增幅（%）
	度假	业务会议	访问朋友	其他				
2003	1400	439	657	210	2706	29.90	2257364	—
2004	723	783	681	363	2550	-5.76	1454635	-35.56
2005	1236	664	591	302	2793	9.53	1732403	19.10

第四章 经 济

续表

来访年份	来访原因				总人数	同比增幅（%）	总消费额	同比增幅（%）
	度假	业务会议	访问朋友	其他				
2006	1453	444	967	144	3008	7.70	1647338	-4.91
2007	1792	444	1160	67	3463	15.13	2210000	34.16
2008	2248	1107	1328	65	4748	37.11	2819900	27.60
2009	2314	944	1404	0	4662	-1.81	2714500	-3.74

数据来源：纽埃官方统计网，http://niue.prism.spc.int。

纽埃拥有丰富的旅游资源，但由于交通不便，纽埃旅游业的发展速度远远低于纽埃政府的预期，其旅游资源也并没有得到充分的开发，旅馆业的发展受到了极大的限制。阿洛菲、阿瓦泰莱等地只有70%的旅馆能够勉强运转；一些酒吧、饭店几乎入不敷出。

为方便游客生活，纽埃岛建有1家宾馆、7家汽车旅馆、17家度假村和海边度假别墅。纽埃的宾馆服务设施齐全，达到了国际度假村的建设标准，清新干净，视野开阔，很多都建有泳池。纽埃也有众多的饭店，供应具有欧洲特色和波利尼西亚特色的食物，还有大量热带水果以及当地特产山芋、诺丽果。在各个村庄每年一度的庆祝大会上，游客还可以吃到纽埃最具特色的传统食物。每个村庄都有一两家商店。有些村庄有出售纽埃地方特产的小商店，阿洛菲还有大型的商场，如斯旺森超市。大多数商店从早上9点到下午4点营业，周六则从凌晨4点到下午7点营业，有些村庄的小店周末正常营业。除此之外，每周的周二、周五从早上6点开始，阿洛菲还有集市，出售水果、蔬菜、肉食。如果赶早的话，还可以在这里买到纽埃传统的手工艺品。

在新西兰至纽埃的航线开通之前，游客多转道其他国家前往纽埃。瑙鲁航空公司曾经开通了到新西兰的航班，机票也非常便宜，但由于近几年经济不景气，瑙鲁取消了航班，间接导致前来纽埃的

游客数量减少。汤加皇家航空公司也曾开通到纽埃的航班，近年来也由于经济问题停止了航空服务。2004年的飓风灾难之后，新西兰航空公司以及波利尼西亚航空公司都减少了航班，导致来纽埃旅游的人数大幅下降。

新西兰航空公司于2005年开通了奥克兰至纽埃的航线，这为纽埃政府发展旅游业提供了很好的契机。2013年来访游客超过7000人次，较上年增长40%。为适应逐渐增加的游客数量，纽埃增加了旅店客房的数量，以接纳来自世界各地的游客。目前纽埃的酒店和旅馆主要分布在阿洛菲和阿瓦泰莱村。同时，纽埃也正在制定措施，通过减免进口税和企业税等方法，吸引外国企业投资纽埃旅游业。

然而纽埃特殊的经济环境，旅游业及其附属产业的发展也对纽埃提出了很大的挑战。游客的增加对纽埃的基础设施建设提出了很高的要求，尽管纽埃的旅游战略计划中提到了为应对旅游业发展而进行基础设施建设的问题，但纽埃政府并没有采取有效措施为基础设施建设提供资金支持。旅游业的发展对于可再生能源的开发也提出了要求。这些问题需要纽埃政府协调解决。除此之外，纽埃政府还必须采取措施保证附近的原生态水域不受污染，保护纽埃人平静的生活不被破坏，保护纽埃传统文化及社会结构不会解体。这一切反过来又会限制纽埃旅游业的大规模发展。

第五节　交通运输与邮政通信

交通运输　纽埃国土面积较小，但公路交通非常发达，环岛公路全长128公里。纽埃的14个村庄都临海而建，环岛公路从村中穿过，交通极为便利。除此之外，纽埃政府还修建了长达 106 公里、用于货物运输以及旅游观光的丛林卡车通道。为解决交通不便的问题，纽埃政府于 2005 年 10 月同新西兰航空公司签署协议，在阿洛菲建设了哈南国际机场，符合波音 737 和波音 767 大型飞机的起降要求。2005 年 11 月航线开通，来往于纽埃的阿洛菲与新西兰的奥克兰之间，每周一个航班。除了纽埃与奥克兰的航线之外，纽埃与库克群岛、塔希提岛之间也开通了国际航班，其航运业务由新西兰航空公司经营。2013 年 3 月，纽埃政府与新西兰航空公司签署协议，新西兰航空公司将在 4 月至 10 月的旅游旺季，每两周增加一班飞往纽埃的航班。纽埃同其他国家之间的货物主要通过船只运输，每隔 3~4 周就有一班往返于新西兰和纽埃之间的货轮，库克群岛的小型集装箱船只每月两次抵达纽埃，此外还有一些不定期的客轮。

邮政 纽埃的邮政系统由邮政部管理，每个村都有邮政服务中心。1901 年之前，也就是新西兰正式取得对纽埃的政治托管权之前，纽埃并没有邮政服务，也没有邮政往来。新西兰正式托管纽埃之后，纽埃才有了邮票。然而，直到目前，纽埃本土并没有能够设计、印制邮票的公司。纽埃的邮票全部由新西兰邮政公司应纽埃邮政部委托为其设计、印制、发行。

纽埃的第一张邮票于 1902 年 1 月 4 日发行，尽管称之为纽埃的邮票，其实是在新西兰邮票上加盖"NIUE"一词而已。之后，纽埃的邮政往来或使用新西兰的邮票，或使用库克群岛的邮票，并始终延续在邮票上加盖"NIUE"一词的传统。这种情况一直延续到 1920 年。1920 年纽埃邮票第一次直接印刷上了"NIUE"一词，而新西兰邮政公司专门为纽埃邮政部设计、印刷邮票始于 1950 年。

纽 埃

1920～1950年纽埃邮票上虽然印刷了"NIUE"一词，但通常带有"NEW ZEALAND"或者"COOK ISLANDS"的字样。1950年以后印制的邮票则是专门为纽埃设计的。

1996年，纽埃政府颁布《纽埃集邮与钱币法案》，并成立了纽埃集邮与钱币公司，负责纽埃的邮票及钱币印刷业务。由于纽埃没有印刷工业，纽埃集邮与钱币公司委托新西兰邮政部门为纽埃设计、印刷、发行邮票，并通过新西兰邮政网点按邮票面值出售，这也是纽埃财政收入的一个重要来源。2011年，纽埃为庆祝英国威廉王子和凯特王妃的婚礼专门印制了一套两张型邮票，但是在后来使用时不得不分开。该邮票由新西兰邮政部门设计，因威廉王子和凯特王妃中间的分割线引起部分领导人的不满，纽埃总理塔拉吉不得不为此进行辩护。

在纽埃，只有邮局工作人员才可以投递邮件，如果为了获得某种利益而投递邮件，则被视为违法。和其他国家一样，在纽埃任何人私自印制邮票、偷盗或私自打开他人的邮件、故意延误投递他人的邮件，私自隐藏、阅读或销毁投错地址的他人邮件，或泄露他人邮件的内容都是违法的。但是邮政局长在政府授权的情况下可以打开属于纽埃邮局的邮件。此外，如果认为邮件中含有可能危害纽埃政府和个人安全的内容，邮政局长也有权打开邮件。邮寄可能引起爆炸的或可能会危害他人的邮件，或者包含淫秽内容的文件、图片都是违法的，纽埃邮局将没收邮件，并对违法人员进行惩罚。邮局也有权拒绝投递邮资不足的邮件。当然，邮件的主人也可以因邮件丢失或被打开或个人信息被邮局泄露，而向邮局提出赔偿要求。

通信 纽埃的电话服务由纽埃电信公司提供。纽埃电信公司是纽埃唯一的一家电话营运商，属于国有企业，为全岛用户提供固线

第四章 经 济

电话、移动电话以及 ADSL 服务。1999 年纽埃电信公司完成了对国内移动电话网络的改造工程。2011 年，纽埃电信公司的通信网络废弃以前的模拟系统，改用 IP 技术，使用 Asterisk 开源通信平台。根据纽埃官方统计网的数据，纽埃每千人拥有 391 部电话。除此之外，纽埃电信公司还在 AMPS 和 GSM 通信平台上为其移动电话用户提供声音、数据、短信服务，但不支持国际漫游服务。国内电话服务采用单线连接全岛所有村庄电话用户。纽埃电信公司也提供国际电话直拨及传真服务，接入码为 683。

任何单位和个人开通电话服务需要提交书面申请，并需要在开通服务时一次性缴纳一定的服务开通费用，但纽埃政府有权减免部分电话服务的费用，电信公司负责人也有权对不符合条件的开通、接转申请予以拒绝，或修改用户的电话号码。纽埃电信公司根据所提供的电话服务的种类，或根据开通服务时的协议规定，按年度收费或采用其他的收费方式。如果用户不通知电信公司便停止使用服务，即使不使用，电信公司也继续按当初合同规定收费。

纽埃电信公司规定，如果用户将通信设施安装在仓库、商店、办公室、公寓，用于开办业务，则被定为企业电话。如果个人电话用于商业用途，电信公司也将其视为企业电话。所有被视为企业电话的通话服务，电信公司将收取较高的服务费。按照电信公司的规定，为了安装电话所立的电线杆，如果只是为了向某一个用户提供通信服务，该用户需要支付一定的费用，但如果还有其他用户共用该线路或者该线路还有其他用途，则不向该用户收取费用。电信公司还规定，除非是在涉及个人生命财产安全的情况下，任何人不得占有其他用户的线路，如有占用，电信公司将会停止该线路的服务。当然在用户同意的情况下，电信公司也为多个用户提供同线电

97

纽 埃

话服务；电信公司也可在用户同意的情况下，对同线电话用户重新分组。但纽埃《通信法案》规定，使用同线电话通话时，单次通话的时间不应超过6分钟；如果同线电话拨出或接进通话的数量过多，致使其他人无法使用，电信公司会要求该用户单独开设线路或连接到用量较小的线路上去。

在纽埃，电话用户可以根据线路的种类按年缴费，不限时使用。1968年的《电话使用条例》规定，电话用户需要每年分两次缴纳服务费，每半年一次，于每年的4月1日和10月1日缴纳半年费用。如果业务开通时间不是这两个时间点，首次缴费则只需按照下一个缴费日期之前的天数缴费，但必须在业务开通后7天内缴纳费用。如逾期不能缴纳费用，电信公司将停止提供电话服务，该用户在电信事务部重新认证其信誉之前不可以再享受电信服务。

2009年纽埃政府对此做了调整，缴费时间及期限由电信事务部确定。对于重新开通电话服务的，将收取一定的重新开通费用，包括用户自行申请停止服务的情况。但如果用户提前缴纳费用后停止使用电话，电信公司将退回相应数额的费用。对于同线电话用户，服务费用高低也将随着同线用户数量的多少而调整，从下一个缴费日期开始缴纳费用。此外，如果用户搬离原来的住所，需要缴纳移机费，对于电信公司不能在7天内提供移机服务的，政府将给予相应的补贴，但用户不可以随意将其线路私自转给他人或售与他人使用。对于未经允许私自转给他人或售与他人使用的，政府将停止提供服务。

所有的电话设备，包括电话线路、仪器、设备等，都属于政府财产。任何单位和个人，包括政府部门人员，不可以随便移动、拆除或添加各种通信设备。如果用户住所的上述设备丢失或损坏，该用户须向电信事务部支付设备更换补充所产生的费用，但由于火灾、地震或其他不可抗灾害造成的损坏和丢失情况，或者并非用户故意所为，不需要用户支付费用。当然，在政府允许拆除通信设施的情况下，任何用户都需要向工作人员提供所有的设备。此外，任何用户不可以使用电话线路对其他用户进行电话骚扰，包括通过电话播放音乐。对于使用电话进行非法交易，或违反《通信法案》规定的，政府有权终止为其提供通信服务。

纽埃电信公司也为用户提供短期的通信服务，但对安装所需要的相关设施、设备等，在年费的基础上收取至少半年的费用，但开通线路所需要的设备费用和服务费，须同时在服务开通前缴纳。如果用户将短期服务改为长期，须在现有合同履行完毕之前提出申请，但相应的费用将由电信公司退回。此外公司也提供电话转接服务。任何用户可以与同一居所的其他人共同分享一个线路，但费用由该用户支付。

对于个人、企业、政府部门的固定电话，重新开通费、过户手续费每次均为20新西兰元，而同一居所不同楼宇间移机每次20新西兰元，同一房间内移机每次10新西兰元，同一楼宇内不同房间移机每次15新西兰元，距离较远的不同居所间移机每次20新西兰元。

互联网服务 纽埃的网络服务由纽埃互联网用户协会提供。目前纽埃是太平洋地区人均享有互联网服务水平最高的国家，基本实现了Wi-Fi全岛覆盖，纽埃居民和游客可随处使用电脑或其他移动设备登录网络，但游客需要一次性付费登录，居留期间便可以无限制免费使用。纽埃居民可以免费使用互联网，但是网络的转

换设施通常由各村的村庄委员会负责管理。因此，IUS-N基金会每年还在各村的庆祝日那天，向各个村的村庄委员会提供500新西兰元的资助。

无线广播服务 根据1972年的《通信法案》，除非政府授权，任何个人和组织不得私自设立可以发送广播信号的仪器设备，否则将被视为违法行为，但接收信号的设备不受此限制。纽埃政府允许在国内的船只、陆地移动设备、陆地固定位置转播信号或接收信号。由于纽埃和新西兰的特殊关系，纽埃政府按照同样的标准向新西兰个人和组织发放信号转播许可证。政府会对发放的许可证收取使用费用，但不同级别、不同类型的许可证费用不同。

持有纽埃政府所颁发的信号转播许可证的组织和个人同时需要遵守国际无线电使用规则，不得从事许可范围以外的行为。同时，纽埃禁止非官方授权单位和个人与政府授权无线电转播部门进行竞争，但在涉及个人财产、报告犯罪行为、个人和他人生命有危险等紧急情况下可以应急使用无线电转播信号。此外，所有获得无线电转播许可证的个人和组织不得侵犯他人的版权和专利，不得危害其他站点信号，并且在转播站拆除时应通知主管部门备案。纽埃各个转播站需要接受政府部门的监管督查，政府有权宣布许可证失效。在紧急情况下，政府可授权相关部门和人员进入或控制、接管转播站。

每个信号转播站所发射的信号都不得带有色情、庸俗或攻击个人和组织、政府的内容，而且其运行的时间必须进行记录，以便政府部门核查。任何截获无线电转播信息并公开发表的行为都被视为违法行为。任何违反《纽埃无线电转播条例》的无线电转播行为都将受到惩罚。

无线广播电台分船只无线广播电台和陆地无线广播电台。船只无线广播电台只用于和海上电台或航空电台联系。海上电台和航空电台必须无条件接收紧急呼叫并在第一时间向相关部门或人员报告，而处于紧急情况的电台可以使用任何频段进行呼叫求救。船只无线广播电台工作期间提供四种类型的服务：第一种是提供持续不间断的信号服务；第二种是每天提供16个小时的服务；第三种是每天提供8个小时的服务；第四种是每天提供少于8个小时的服务，但应以国际无线电使用规则的相关规定为准。船只无线广播电台也需要记录电台所发出的信息内容、时间、来源、目的地等相关信息，并保存6个月左右的时间，以供必要时接受检查。

陆地无线广播电台有两种：海岸无线广播电台和基地无线广播电台（基站）。海岸无线广播电台接收各种信号的方式和船只无线广播电台的工作要求一样。纽埃政府允许业余无线广播电台在不同的地方工作，但只能同其他业余无线广播电台进行通信。此外，业余电台不可以发布第三方的信息，不可以为别人提供服务，所使用的语言必须为通用语言，不可以在政府没有授权的情况下转发转播各种新闻、娱乐信息或录音，发射功率不可以超过150瓦，不得干扰其他电台发射的信号。[①]

第六节 对外经济关系

国际经济援助 纽埃的经济发展严重依赖新西兰政府的援助。

---

① 本节所有信息均参考自纽埃政府官方网站，http://www.gov.nu/wb/。

纽 埃

1974年纽埃成立内部自治政府，但是按照宪法规定，新西兰政府依然有义务向纽埃提供大量的经济援助，用于卫生、教育、农业、政府管理等，其援助金额占纽埃GDP的50%以上。2011/2012财年、2012/2013财年，新西兰对纽埃的援助预算均为1400万新西兰元；2013/2014财年，新西兰对纽埃的援助预算有所减少，为1350万新西兰元。由于新西兰等国的经济援助，纽埃的人均收入水平远在世界人均收入水平之上，属于世界上为数不多的福利国家之一。

除了新西兰政府的经济援助之外，纽埃海外侨民的侨汇是纽埃另一个主要经济来源，二十世纪七八十年代这一现象最为突出。近些年来，由于许多家庭举家移民新西兰，纽埃的侨汇收入也逐年减少。二十世纪九十年代太平洋财政技术援助中心（简称PFTAC）所做的一个调查发现，九十年代以来纽埃非但没有接受多少外来汇款，相反却有大量资金流向国外，用于支付食物进口以及纽埃学生在新西兰学习的费用。

除了新西兰之外，澳大利亚、中国、日本、印度、韩国和欧盟国家以及联合国开发计划署、联合国粮食及农业组织都给予纽埃一定的经济援助。2004年1月，纽埃遭受历史上最强烈的飓风袭击，受灾严重。澳大利亚、新西兰、中国、法国、法属波利尼西亚和欧盟都提供了援助。2014年1月，欧盟、澳大利亚及全球环境基金共同援助纽埃购置5000个储水罐，用于收集生活用水。

进出口贸易 纽埃出口产品多为农产品。除此之外，草帽、篮子等编织品和其他传统手工艺品也是纽埃重要的出口商品。纽埃通过出口这些商品获得了一部分收入。但总体而言，纽埃生活用品严重依赖从国外进口，进口的商品包括食品、动物产品、燃料、润滑剂、化学药品等日用商品，以及车辆、船只、冰箱等耐用商品。①大部分商品需要从新西兰等国进口。据统计，纽埃从新西兰进口的商品数量占其总进口量的 60% 左右。2004 年纽埃的出口收入总额为 20 万新西兰元，而同年的进口总额为 900 多万新西兰元。2008 年，出口额为 2.7 万新西兰元，同比下降 9.9%，进口额为 1098.6 万新西兰元，同比增长 19.5%。2011 年，出口额为 34.2 万新西兰元，进口额为 1400 万新西兰元。2012 年，纽埃从新西兰进口燃料、食品等物品总价值为 1500 万新西兰元，而向新西兰出口的农产品、工艺品等商品总价值却仅为 10 万新西兰元，较 2011 年 34.2 万新西兰元的出口总值降幅较大，形成较大的贸易逆差，不利于纽埃国内经济的发展。

国际经济合作 2004 年，遭受飓风"赫塔"袭击以后，纽埃政府愈加关注同世界其他国家的合作，寻求促进纽埃本国经济发展的道路。纽埃政府不断尝试同其他国家进行贸易合作，参加了太平洋岛国贸易合作组织的贸易服务计划，同欧盟签订了经济合作协议，同澳大利亚和新西兰签订了《太平洋更紧密经济关系协定》，并成立了贸易咨询指导办公室（简称 OCTA），帮助纽埃同太平洋地区的其他国家开展合作，处理各种经济合作事务。②

2003～2004 年，纽埃和新西兰的里夫集团合作，成立了两家合资企业，开发纽埃的渔业资源和诺丽果。尽管纽埃政府出台了一系列旨在促进国内各个行业协调发展的政策法规，但总体来讲，纽

---

① http：//www.citelighter.com/political-science/countries/knowledgecards/niue.
② http：//en.wikipedia.org/wiki/Niue.

纽 埃

埃还缺乏行之有效的全国性的发展规划，现有的政策规划还不能全面关照纽埃社会各个方面的协调发展，不能满足当前国际发展局势的需求，也难以得到国外投资，导致纽埃并没有有竞争力的企业。

2005年，澳大利亚亚马那金地矿业公司指出，纽埃拥有世界上最大的铀矿，两国计划合作开发，但后来取消了计划，因为在纽埃并没有勘探出有商业价值的矿藏。澳大利亚安全部和投资委员会在2007年指责该公司的计划具有欺骗性，最终该案件只能通过法律途径解决。①

1997年，根据与美国商业部的合约，互联网编号管理局（简称 IANA）指定纽埃互联网用户协会（简称 IUS – N）②进行互联网".nu"顶层域名的管理。纽埃互联网用户协会的主要目的是利用注册".nu"域名的收入，资助纽埃人民免费使用互联网服务，必要时收取少量的服务费。1999年该协会同纽埃政府签订协议，纽埃政府授权该协会向纽埃政府及居民提供免费的网络服务。据统计，仅1999~2005年，该协会就已经投资300万美元，为纽埃政府组织和个人提供网络服务。自2003年开始，该协会开始在阿洛菲及其附近的村庄、学校架设无线网络。因此，纽埃成为世界上第一个实现无线网络全覆盖的国家。

关于网络服务问题，纽埃政府曾与该协会产生过一些争议，纽埃政府也曾因此遭到国际社会的批评。为保证政府安全，纽埃互联网用户协会为政府部门开通了安全的 DSL 服务，直接连接该协会的卫星网络，且不需要支付任何费用。随着新西兰政府减少对纽埃

---

① http://www.citelighter.com/political – science/countries/knowledgecards/niue.
② IUS – N 于1997年由 J. 威廉·塞米奇建立，分布在美国和纽埃等地，其目的是利用.nu这个域名的注册费用来支付纽埃利用卫星互联网络连接所需要的高额费用。

第四章 经　济

的经济援助，纽埃政府决定出售".nu"互联网域名（通常称为.NU Country Code TLD），试图以此增加一部分收入。目前这项措施取得了初步成效，该域名服务在斯堪的纳维亚半岛、比利时、荷兰等地很受欢迎，其中一个原因是域名中的"nu"在斯堪的纳维亚语和荷兰语中都表示"现在"的意思。

　　制约纽埃经济发展的因素当中，除了资源短缺、资金缺乏之外，纽埃本土人口大幅减少、缺乏劳动力资源也是纽埃政府亟须解决的问题。为解决这一问题，纽埃政府斥资200万美元，鼓励海外纽埃居民回国创业。如果成功，一方面能解决纽埃的人口减少及劳动力短缺的问题，另一方面还能从其他国家引入劳动力。2006年，纽埃同新西兰政府通过磋商，成立了联合咨询集团（简称JCG）。该集团除了监督新西兰政府对纽埃援助计划的正常实施之外，还要求新西兰政府出台人口政策，控制向新西兰移民的纽埃人的数量。纽埃政府在这一方面也面临两难困境：较低的人口数量不利于纽埃的经济发展，但是对于减少纽埃的资源消耗，保护纽埃环境却具有积极的意义。同时，人口较少也能缓解纽埃当前基础设施建设水平较低的困难，能避免因人口过多而引发社会问题。

第五章

社　会

第一节　防务与安全

国家安全　根据1974年的《纽埃宪法法案》，作为新西兰的政治自由联合国家，纽埃的国防事务在纽埃政府同意并授权的情况下，由新西兰国防部负责。新西兰国防部负责纽埃的领土安全，新西兰皇家空军定期在纽埃专属经济区巡逻。纽埃政府同意新西兰国防部从纽埃征兵，进行武装训练，必要时编入新西兰军队参加作战。第一次世界大战和第二次世界大战期间，纽埃都派出士兵编入新西兰军队参战。

警察力量　由于纽埃和新西兰特殊的军事关系，纽埃没有自己的军队以及相关的国防部门和军事工业。警察厅是纽埃唯一的武装部门，用以维护纽埃社会安全与稳定。纽埃的每个村庄通常只有两名警务人员，即一名警长、一名警员，其职责是维护本村的法律秩序和公共安全。纽埃的社会秩序良好，没有重大犯罪行为，常见的违法行为也只是情节轻微的偷盗、违章驾驶、允许牲畜乱跑等违反社会秩序的行为。警察厅通常只对他们提出警告，或处以较小数额的罚款。但是打架斗殴等情节较为严重的行为，则会受到比较严厉

的惩罚，包括处以较大数额的罚款甚至监禁。

武装法案 纽埃政府对军械、军火进行严格的管理。按照1975年《纽埃武装法案》，在没有得到国家安全部门许可的情况下，任何人不得以任何理由向纽埃输送军火和武器，所有允许进入纽埃的军火和武器都必须经过警察厅人员的检查，而且警察厅有权撤销已颁发的武器输入许可。在怀疑所输入武器或军火可能是违规进入纽埃领土、领海的情况下，警察厅厅长和其他任何工作人员都有权随时扣押有问题的军火和武器。

按照《纽埃武装法案》，纽埃的任何个人不得以任何理由私自购置、拥有或转让枪支，警察厅已颁发持枪许可的人员除外（但该许可有效期通常不超过28天），18岁以下的纽埃居民绝对禁止拥有、购置或转让枪支。违反该法案的人员将被处以3个月以内的拘留和最高2个处罚单位（约280新西兰元）的罚款。对于因使用或管理枪支不当，造成人员伤亡的，将处以1年以内的拘留或最高5个处罚单位（约700新西兰元）的罚款，必要时两种惩罚同时使用。对于利用枪支非法夺取他人财产、生命的，将以犯罪论处。

除非具有特殊许可，任何人持有枪支的时间不得超过28天，枪支持有许可可以续批，获得许可的任何人员都可以使用枪支。警察厅厅长有权检查持有人的枪支，必要情况下还可以没收持有人的枪支，以免对公众造成伤害；未获许可而持有枪支者，警察厅可以没收其枪支。持枪许可宣布无效后，持有人应在3个月内，或者在警察厅允许的时限内将枪支交给警察厅。警察厅可以暂时保管枪支，或经警察厅厅长的同意，将其没收为纽埃政府的财产，取消其原来持有者的所有权，财政部则根据协定或根据法庭的决定，给予原持有人一定的经济补偿。

第二节　社会管理

三级社会结构　纽埃的社会结构呈三级分布，即政府、村庄、家庭。政府负责全国公共事务的管理，村庄委员会负责管理社区事务。在现代社会，受基督教的影响，人们的受教育水平不断提高，原来作为氏族群体的村庄，变成现在不同家庭居住社区的村庄。村庄成了纽埃社会的一级行政单位，设有不同的服务机构，选举时作为一个选区集体参与纽埃议会的选举活动。

家庭是纽埃社会最基本的社会组织单位，多个家庭组成村庄。目前纽埃14个村庄共有500多户人家，通常数代同堂共住。这种数代同堂的家庭模式在纽埃语中称作"马格法"，每个村庄里的马格法都是相关联的，这些马格法再构成村庄。马格法的主要职能是统一管理及使用家族土地。每个马格法的房屋大多建在一起，每个家庭分享马格法的房屋，共同使用马格法拥有的土地。每个家庭的成员包括丈夫、妻子、未婚的儿女，以及刚刚结婚的儿女及其配偶，还有孙子、孙女，而这个家庭的代言人通常是已婚男性，在教会及社区活动中代表他的家庭行使权力。在现代纽埃家庭中，通常每个家庭只有夫妻二人、一个孩子和鳏寡的父辈或上一辈的其他亲属。在附近上学的侄子、侄女或外甥通常也住在这个家庭里，体现了纽埃社会独特的社会关系。[1]

和其他地方不同的是，纽埃的妇女并非生来就具有男性所获得的社会政治身份。纽埃的女性通常只有在年龄稍长以后，通过接受教育，或者在社区及家庭活动中展现出较好的领导才能，才可以拥有一定的

---

[1] http://www.citelighter.com/political-science/countries/knowledgecards/niue.

纽 埃

权威和话语权。除了性别之外，年龄大小在工作分配及社会身份标识时也有差异体现。年龄稍大的人通常会受到尊重，不仅因为其家庭背景、个人经历、所取得的成绩，还因为他们是长者。纽埃从社会行为、宗教礼仪、经济地位、政治组织，甚至语言等方面都体现了长者为先的社会观念。纽埃传统上实行老人统治，人们对长者都非常尊重、顺从，通常男性特别是家庭的长子更能受到其他人的尊重。

土地管理 作为纽埃社会生活中最重要的生产资料，土地在纽埃人的生活中具有举足轻重的地位，然而土地管理在纽埃存在很大的问题。首先是纽埃土地的闲置问题。一方面，目前许多移居新西兰的纽埃人在纽埃仍然拥有大量土地的所有权，这部分土地因无人使用而闲置起来。但另一方面，纽埃国内又有许多人没有足够的耕地可以耕种。1962年，纽埃政府颁布土地政策，不允许土地自由买卖，没有纽埃国籍的人不可以在纽埃买卖土地，即使同当地人结婚也难以保证获得土地所有权。一方面纽埃本土的居民没有土地，另一方面纽埃有太多闲置的土地。为解决这一问题，纽埃政府成立了纽埃发展董事会，试图由政府征用闲置土地，但政府征用闲置土地前，必须征得土地所有者的同意。由于多数土地所有者移居海外，这项工作未能顺利开展。1964年纽埃议会通过《土地法案》，规定离开纽埃达20年（含20年）以上的人，自动丧失其在纽埃的土地所有权。该法案遭到在新西兰的纽埃侨民的极力反对。由于海外生活日趋艰难，移居新西兰的侨民有回国谋生的打算，甚至国内耕种土地的纽埃人也抱怨这一政策扼杀了个人的积极性，认为土地所有者家庭成员之间自行处理土地纠纷的方式更加可取。[1]

---

[1] S. Kalauni, R. Crocombe, et al., "Land tenure in Niue", *Institute of Pacific Studies* (1977–1996), p.72.

其次是土地的所有权问题。1902年新西兰政府制定的《库克群岛及周边岛屿法案》规定了土地的私人所有权问题，导致同一块土地的所有权在不同的所有者之间重新划分，甚至对同一座房子也进行了财产分割，又由于原来同村男女可以通婚的规定逐渐被不同村庄之间的人可以结婚的规定取代，土地房产等出现一产多有的混乱现象。纽埃法律规定，在纽埃，25%的土地为私人所有。土地是可以继承的财产，通常由长子继承，如果女性是唯一的继承人的话，则由女性亲属继承。加之纽埃的土地继承权通常是口述的，缺乏有据可考的地契等法律证明资料，因此纽埃75%的土地拥有多个所有者，一块土地由同一家族的多个后代继承，家庭成员之间经常因土地所有权问题而发生纠纷。基督教传入纽埃之前，这种争端通常通过族群之间的战争解决。在现代社会，虽然不再采用战争方式解决争端，但解决土地所有权问题也一直是纽埃政府的重要工作。纽埃人更倾向于通过家庭解决土地争端。但由于争端较多，最后则只能通过土地法庭解决。为了尽量解决纽埃的土地所有权的争端问题，纽埃政府目前正着手完善纽埃现有土地的所有权信息。

第三节　国民生活

国民收入　纽埃居民的主要收入来源是农业，其他的收入则主要来自政府部门或者私营经济部门的薪资。按照法律规定，纽埃居民15岁以上就可以参加临时的或永久的工作。根据2011年的统计，纽埃15岁以上的居民当中，62%的人都有工作，经济活动频繁；38%的人没有工作或者工作较少，经济活动比较少。按照纽埃传统，男性外出工作，女性则从事家务工作，照顾孩子和老人。但

纽埃

近年来，纽埃女性也开始进入社会，参加工作的女性人数越来越多，不少人进入政府部门工作。相对于其他国家而言，由于缺乏大型的工商企业，纽埃人口的就业率普遍偏低，女性就业率更低。

在参加工作的纽埃人当中，约有35%的人从事一些基础性的工作，15%左右的人从事社会公共事务管理工作，其余的人从事销售、教育、医疗服务工作。男性多从事建筑行业或在政府管理部门工作，女性当中从事教育工作的人数较多。所有这些工作当中，以政府部门提供的就业机会为主，约占所有就业岗位的60%；私营经济部门的工作约占18%，私营企业通常规模很小。

收入 根据2011年的统计数字，50%以上的纽埃人年收入在5000新西兰元以下，其中不少人除了政府补助之外没有任何其他收入；10%以上的人收入在5000～20000新西兰元，而且这部分人多为政府部门工作人员；极少数人年收入在25000新西兰元以上。从总体上看，纽埃男性的收入普遍高于纽埃女性的收入。

个人所得税 按照1961年的《个人所得税法案》，纽埃政府向国内居民征收个人所得税。对于年收入不超过5000新西兰元的，按10%的比率收取个人所得税；超过5000新西兰元但不超过15000新西兰元的，按30%收税；超过15000新西兰元但不超过35000新西兰元的，按40%收税；超过35000新西兰元的，按50%收税。对于低收入者，纽埃政府给予一定的返还，用于补助依赖纳税人生活的亲属。对于年收入在10000新西兰元及10000新西兰元以下的将返还1000新西兰元或扣除相同数量的税款；对于10000～20000新西兰元之间的，10000新西兰元部分返还1000新西兰元，超出10000新西兰元的部分以少于10%的比率征收个人所得税。

2009年的《个人所得税条例》对1961年的个人所得税征税比例进行了调整。对于年收入不超过10000新西兰元的，征收10%的个人所得税；超出10000新西兰元但低于20000新西兰元的，按20%收税；超出20000新西兰元的，按30%收税。对于低收入纳税人的规定同于1961年的规定，对于年收入不超过10000新西兰元的返还1000新西兰元或扣除相同数量的税款；对于年收入在10000新西兰元至20000新西兰元之间的，10000新西兰元部分返还1000新西兰元，超出10000新西兰元的部分按少于10%的比率征收个人所得税。

2011年的《个人所得税条例补充条款》在2009年的基础上又进行了调整。对于个人收入主要来源于纽埃公共服务部门或其他部门工作的人员，年薪少于或等于20000新西兰元的，返还2000新西兰元。对于其他人员，年收入在10000新西兰元及10000新西兰元以下的，返还1000新西兰元或扣除相同数量的税款；对于年收入在10000新西兰元以上、20000新西兰元以下的，10000新西兰元部分返还1000新西兰元，超出10000新西兰元部分按低于10%的比率征收个人所得税。2012年、2013年，纽埃政府又同新西兰、瑞典等国政府签订协议，实现双方居民税收信息共享。

消费价格指数　根据纽埃政府2013年底发布的国内消费价格指数（CPI）统计[①]，2005~2012年，纽埃国内食品、烟酒、住房、屋内设施、服装、交通通信等方面的消费价格持续上涨。以2003年为参照点，所有产品价格涨幅总和超过100%。2013年第四季度，纽埃国内CPI为150.4%，比上一季度减少了1.5个百分点，

---

①　相关数据源自纽埃官方网站 http://www.spc.int/prism/niue/。

国民的购买力较上一季度有所提高。其中交通通信费用有所下降，而烟酒价格上升幅度较大。2005~2013年商品价格变化情况及2008~2013年CPI变化情况如表5-1、表5-2所示。

表5-1 2005~2013年纽埃历年第四季度商品价格变化情况：
以2003年第四季度为参照点

商品种类 时间	食品	烟酒	住房	屋内设施	服装	交通通信	其他
2003年第四季度	$27	$8	$11	$14	$5	$26	$9
2005年第四季度	$28.12	$8.70	$11.29	$15.05	$6.16	$25.23	$10.59
2006年第四季度	$30.12	$9.35	$11.34	$15.05	$6.01	$25.94	$11.75
2007年第四季度	$32.52	$10.00	$12.21	$17.02	$6.65	$26.75	$13.04
2008年第四季度	$35.84	$10.33	$12.56	$20.92	$6.93	$30.51	$13.60
2009年第四季度	$43.49	$10.88	$14.34	$23.67	$6.77	$31.17	$13.44
2010年第四季度	$45.97	$13.55	$14.41	$25.20	$6.75	$28.46	$13.62
2011年第四季度	$46.60	$14.19	$14.78	$25.29	$6.89	$29.49	$13.77
2012年第四季度	$47.95	$14.57	$14.73	$25.56	$7.10	$29.92	$13.94
2013年第四季度	$47.14	$15.22	$15.09	$25.36	$6.98	$27.38	$13.76

资料来源：纽埃官方网站，http://www.spc.int/prism/niue。

表5-2 2008~2013年纽埃CPI变化情况：以2003年第三季度为参照点

年份	季度	食品	烟酒	住房	屋内设施	服装	交通通信	其他	总体	CPI变化
2003	3	100.0	100.0	100.0	100.0	100.0	100.0	100.0	100.0	0
2008	1	122.9	120.7	112.0	127.6	133.0	114.6	121.1	120.4	3.5
	2	124.1	120.7	112.1	128.5	133.6	117.8	121.0	121.7	1.3
	3	127.5	121.4	112.4	129.3	133.7	120.4	124.6	123.8	2.1
	4	133.3	124.7	114.4	154.0	136.7	118.6	127.9	129.5	5.7

续表

年份	季度	食品	烟酒	住房	屋内设施	服装	交通通信	其他	总体	CPI变化
2009	1	145.0	128.6	115.4	156.6	140.9	111.4	126.7	131.8	2.3
	2	157.8	126.1	125.4	172.1	144.7	113.1	125.0	138.9	7.1
	3	159.0	131.3	125.4	175.3	146.3	110.5	125.4	139.6	0.7
	4	161.7	131.4	130.7	174.3	133.4	121.1	126.4	142.9	3.3
2010	1	164.0	135.2	130.1	185.8	135.6	111.6	128.4	143.4	0.5
	2	166.7	135.2	129.6	186.6	140.9	111.1	129.5	144.4	1.0
	3	172.9	151.8	129.6	185.9	140.6	111.1	129.0	147.5	3.1
	4	170.9	163.6	131.3	185.6	133.1	110.6	128.1	147.4	-0.1
2011	1	170.3	163.4	134.2	184.9	134.6	112.6	128.0	148.0	0.6
	2	173.5	163.4	134.2	185.4	133.6	109.0	129.6	148.2	0.2
	3	175.4	171.3	136.1	185.5	135.3	124.2	129.8	153.3	5.1
	4	173.3	171.3	134.7	186.2	135.9	114.6	129.5	150.4	-2.9
2012	1	174.9	173.0	134.8	187.9	134.8	117.5	129.9	151.9	1.5
	2	177.7	173.1	135.2	189.2	134.2	120.4	128.5	153.5	1.6
	3	179.7	176.0	135.0	189.3	138.5	120.3	129.7	154.5	1.0
	4	178.3	176.0	134.2	188.2	139.9	116.3	131.1	153.1	-1.4
2013	1	179.8	176.0	134.8	188.5	141.4	109.5	130.2	152.0	-1.1
	2	181.3	176.0	134.3	187.4	139.0	106.8	128.9	151.3	-0.7
	3	176.9	176.0	137.5	186.9	138.6	112.7	130.0	151.9	0.6
	4	175.3	183.8	137.5	186.7	137.5	106.4	129.4	150.4	-1.5

资料来源：纽埃官方网站，http://www.spc.int/prism/niue。

消费税 2009年颁布的《纽埃消费税法案》规定，纽埃政府对应税商品征税，包括由纽埃境外进口的所有商品，按照12.5%的比率征税。对于零税收商品不予征税，包括出口商品、位于国外还没进入纽埃市场和还没有到达消费者手中的商品、用于国外消费的商品、处理加工过程中的商品、与进口商品相关的服务、纽埃本国电信业务营运商向非纽埃电信业务营运客户提供的电信服务、境外人员提供的电信服务，或财政秘书认为其他适合的境外服务，都

115

纽 埃

可以免征消费税。进口的例外商品和零税商品、少于50新西兰元且由所有者作为单件处理的商品、外交人员及其家庭成员的个人用品都为例外商品，免征进口税。普通商品由财政秘书向应税商品提供人征税，进口税则由海关部门征收。符合纳税条件的单位和个人应向财政秘书申请纳税，纳税人享有一定的纳税信誉。对于不按规定纳税的人员将进行惩罚性征税。

公共收入　按照1959年颁布的《公共收入条例》，纽埃的财政收入由财政秘书负责管理，负责该条例的执行实施。公共服务委员会任命公共服务部人员担任财政秘书，行使国家财政收入管理职能。财政秘书也可以委任其他人员或团体代表财政秘书开展工作。财政秘书授权纽埃国内外的会计人员收取公共钱款，开具收款凭证，并把收取的钱款存入指定的账户。除此之外，财政秘书受政府内阁指派，作为某一董事会或其他团体的成员，负责政府公共钱款的投资管理。财政秘书还可以出售公共财产，并将收入存入政府专门设立的纽埃议会现金投资账户，还可以把多余款项存入新西兰银行或纽埃储蓄银行，投资收益存入纽埃政府账户。

纽埃所有的公共收入都是政府的财产，需要存入纽埃政府账户。财政秘书授权各部门直接将需缴纳款项存入政府账户。纽埃政府账户为政府各个部门分配专款账户，财政秘书有权查看每个账户、分账户或基金情况。政府还负责管理针对纽埃个人事务的财政收入，但政府不可以在没有得到相关人员许可的情况下将该收入存入政府账户。除此之外，按照交易规定收取的税款、法院判决交付的钱款、接受委托收取的钱款都将作为纽埃的政府收入，存入政府账户或由财政秘书指定的人员托管。对于超过一年以上无人领取的存款，连同利息，将作为公共收入存入政府账户，之后如其所有者索取，将退回给原来的所有者。政府官员死亡、离职、破产后，其官方公共账户的钱款将转到其下一任官方账户当中。会计人员没有记入账户，但属于公共财产的款项和公共财产对应的收入，属于纽埃政府所有。当然，各项政府管理，包括公共财产维护与管理等费用，都从政府账户分配的各个子账户中支出。

纽埃政府各个部门的实际费用如果超过预算数额，财政秘书可根据各部门汇报的情况，增加拨款，但需要投票决定。每年年底，财政秘书需要向政府提交财务收支明细。收支明细首先由审计办公室进行审计，审计通过后连同审计报告交给议会。任何提供虚假财务信息，拒绝缴纳各种税款，或拒绝接受审查的，都视为违反《公共收入条例》，将被处以最多2个处罚单位（约280新西兰元）的罚款。

居住条件 按照2009年的统计，在社区建设方面，纽埃93%的家庭拥有独栋房屋，5.3%的家庭住在公寓里，1.4%的家庭住在临时建造的房屋中。其中68%的房屋属于居住的家庭所有，13%属于租住房屋，但不需要缴纳房租，只有7%的需要缴纳房租，1.2%的只需要支付少量租费，6.9%的属于抵押购房，3.9%的属于工作用房。为保证卫生，82.1%的家庭使用冲水马桶。纽埃没有地下排水系统，每个家庭必须自己建造排污系统，71.5%的家庭建有水泥污水处理装置。纽埃大约有25%的家庭使用电炉做饭，30%的家庭使用煤气或其他燃气，10%左右的家庭使用传统的火炉做饭。日常用水方面，纽埃所有的家庭都有充足的生活用水，90%的家庭使用自来水，不到10%的家庭用蓄水罐储水，仅有少数家庭依然使用水井。大多数家庭能够利用电、煤气等获取热水，10%的家庭利用太阳能获取热水，少数家庭通过燃烧煤炭等燃料获取热水。

纽 埃

社会福利 纽埃居民享有基本的社会福利,政府为儿童和老年人提供一定数量的补贴。任何具有纽埃国籍或在纽埃长期居住的儿童,包括新西兰国籍的儿童,只要符合条件,都可以由其父母或监护人提出申请,领取政府补贴。但根据法律规定,获得政府补贴的儿童必须具有纽埃学籍,但对于由于身体原因不能上学,或者父母获得政府特别贡献奖的儿童也可以得到政府的生活补贴,一直可以领到18岁完成义务教育之后。但是连续12个月在海外居住的儿童,只有在纽埃居住满6个月后,才可以申请领取生活补贴。儿童的生活补贴通常只发给儿童的母亲,由其管理,用于儿童的生活、教育及其他各种支出,但不重复发放。

儿童补贴的发放由社区事务部负责管理。社区事务部设立社区事务办公室,由办公室主任具体管理补贴的发放,必要时对申请人的申请进行调查,并确定其是否符合发放的条件。办公室主任也可以任命他人行使审核调查权。儿童就读的学校也必须向社区事务办公室主任提供儿童的信息。一旦发现申请书提供的信息不符合事实,发放的补贴将被收回,任何提供不实信息的人员会被处于2个月以内的拘留或罚款。根据2004年《纽埃儿童福利补充条款》,纽埃的新生儿当中,如果其母亲是非公共事务服务人员,每年可以得到100新西兰元的补贴,其他儿童每年可得到340新西兰元的补贴。

除了儿童之外,纽埃60岁以上的老人也可以获得政府补贴。和儿童领取补贴的要求相似,领取养老补贴的老年人必须是纽埃的永久居民或者申请补贴之前在纽埃连续居住6个月以上。养老补贴按月发放,如果年龄超过55岁,且在纽埃居住超过10年以上的纽埃居民,在60岁之前,可以每两周领取一次补贴,该补贴为60岁以上居民当月养老补贴的一半。领取养老补贴期间，到国外生活，包括接受疾病治疗、接受培训或其他政府派出工作的时间不超过6个月，才可以继续领取养老补贴。如果无故离开纽埃超过3个月则停止对其发放补贴，回国后需要重新申请。纽埃法律还规定，每一个人只能领取一种补贴，或者是纽埃本地政府发放的补贴，或者是海外部门发放的补贴。死亡时自然终止领取上述补贴。

除了儿童及老年人可以从政府领取补贴之外，纽埃还有面向其他人群的福利。为此纽埃政府成立了社会福利委员会，成员包括社会福利办公室主任、卫生部办公室主任以及其他人员。在纽埃生活10年以上的任何纽埃居民，或身体有残障的人员都可以向社会福利委员会申请补贴。社会福利办公室主任组织人员调查申请人资格，同时帮助申请人找工作，对于有疾病的申请人协助其进行治疗。对于不接受上述建议的人，其所享受的补贴有可能会被终止。通常申请者可以连续领取6个月的补贴，结束后可以继续申请，但最长领取补贴的时间不得超过1年。领取补贴期间，如果领取人死亡或者条件改善不符合领取资格，则自动终止补贴的发放。

根据1991年的《养老金与社会福利法案》，纽埃政府内阁有权根据当事人资格决定其是否可以领取补贴。如果所发放的补贴数额超出法定标准，对于超出部分，政府将会以不同的形式收回。根据纽埃的个人所得税相关法律规定，各种补贴不需要缴纳个人所得税。1998年的《养老金与社会福利法案补充条款》规定，70岁以上的老人每年可以领取2080新西兰元的补贴，其他情况下每年可以领取2210新西兰元的补贴。2011年，60岁以上的老年人每年领取5980新西兰元补贴。2013年，60岁以上的纽埃居民每年可以获得7800新西兰元的补贴。

按照1998年的条款规定，申请者身体有严重残障的，每年可领取2210新西兰元的补贴，其他情况下每年领取1950新西兰元补贴。2011年，身体有严重残障者每年可以领取2210新西兰元补贴，其他情况下每年领取1950新西兰元补贴。2013年，身体有严重残障者每年可领取4680新西兰元补贴，其他情况下每年领取3900新西兰元补贴。

第四节　医疗卫生

卫生概况　相对于世界上其他国家，纽埃同外界的交流较少，因而纽埃所面临的卫生管理方面的压力较其他国家也小得多。总体来讲，纽埃人的健康指数良好，像肺结核、麻风病等高传染性疾病已经得到了很好的控制，也没有爆发过疟疾等流行性疾病。迄今为止，纽埃也没有关于有人感染艾滋病的报道，纽埃卫生部正在世界卫生组织和联合国艾滋病规划署的协助之下，与各大社区和非政府组织合作，增强纽埃人口关注生殖健康，增强艾滋病防范意识。纽埃还没有通过蚊蝇传染感染疾病的报道，但纽埃蚊虫数量较多，蚊虫防治工作依然是纽埃政府卫生部的工作重心。

纽埃的常见疾病包括肝炎、肺结核、登革热等热带地区常见疾病，由于政府积极开展疾病防治，这些疾病也没有大规模爆发的记录。丝虫病是纽埃的常见疾病，目前纽埃政府责成卫生部负责在全国80%的人口当中开展了疾病预防工作，计划尽快消除疾病隐患。为保证纽埃良好的卫生状况，纽埃卫生部近年来加大了全国公共卫生管理及疾病预防工作的力度，加大投入，着手做好垃圾处理、饮水供应、灭鼠灭蚊、婴儿护理、儿童免疫接种等各项工作。

然而近几年，纽埃人的生活方式，尤其是饮食方式发生了很大的变化，因生活习惯不健康而引起的疾病的发生率有逐年上升的趋势。根据世界卫生组织2006年的统计，15岁以上的纽埃人中，23.4%的人有吸烟的习惯，男性吸烟的比率为30%，女性吸烟率为16.2%。纽埃政府参加了世界卫生组织发起的无烟计划，大力倡导建立无烟岛国。纽埃人的饮酒率也较高，男性人口饮酒率达到62.7%。纽埃人患癌症的比率较低，这得益于纽埃政府在国民健康查体中的巨大投入。纽埃女性定期免费接受宫颈癌及乳腺癌检查，男性免费接受前列腺问题检查，疾病发生率得到了很好的控制。

根据2001年的统计，纽埃人口死亡的主要原因是高血压、糖尿病、皮肤感染、上呼吸道感染、流感。2009年有12人死亡，其中8人死于心脏病，2人死于癌症，2人属于正常的衰老死亡。根据2013年联合国的统计数字，这一状况没有明显变化。[1]

医疗费用 纽埃所有居民均可享受免费医疗，甚至包括牙科治疗费用。纽埃政府免费为其国民提供高质量的医疗服务，病人只需要支付某些药品的费用，比如避孕药具等，但在纽埃短期居住的外国游客并不享受这一福利。根据世界卫生组织官方网站提供的数据，2000年至2014年间，纽埃人均医疗卫生支出额总体呈现增长的趋势，2000年为318.15新西兰元，2011年达到最高值，为1599.37新西兰元，但2014年有所下降，为1162.2新西兰元。在纽埃历年的居民医疗卫生支出中，政府支付的居民医疗卫生费用均占纽埃人均医疗卫生支出的98%以上。以2011年为例，纽埃人均医疗卫生支出为1599.37新西兰元，其中政府支出1580.99新西兰

---

[1] 数据源自2013年世界卫生组织纽埃健康情况统计。

纽埃

元，占人均医疗卫生支出的98.85%，个人只需支付18.38新西兰元，只占很小的比例。此外，纽埃人均医疗卫生支出在纽埃人均国内生产总值中占比不高，平均为13.85%。除去2001年和2006年两个占比较高的年份，纽埃人均医疗卫生支出在纽埃人均国内生产总值中的占比均在10%左右。纽埃医疗卫生费用的来源有一个明显的特点，即接近60%的医疗卫生费用来自国外援助，主要是新西兰政府的财政支持（见表5-3）。

表5-3 2000~2014年纽埃医疗卫生支出情况统计

年份	人均国内生产总值(新西兰元)	人均医疗卫生支出(新西兰元)	人均政府医疗卫生支出(新西兰元)	居民个人医疗卫生支出(新西兰元)	人均医疗卫生支出占人均国内生产总值的比重(%)	人均政府医疗卫生支出占人均医疗卫生支出的比重(%)	居民个人医疗卫生支出占人均医疗卫生支出的比重(%)	外部医疗援助占人均医疗卫生支出的比重(%)
2014	15600	1162.20	1143.11	19.09	7.45	98.36	1.64	63.95
2013	15441	1111.76	1092.86	18.90	7.20	98.30	1.70	61.85
2012	15534	1085.84	1066.85	18.99	6.99	98.25	1.75	62.45
2011	15018	1599.37	1580.99	18.38	10.65	98.85	1.15	76.72
2010	13176	1096.26	1080.15	16.11	8.32	98.53	1.47	72.99
2009	10701	1552.66	1539.57	13.09	14.51	99.16	0.84	79.87
2008	10713	1512.63	1499.53	13.10	14.12	99.13	0.87	73.08
2007	10148	1228.96	1216.54	12.42	12.11	98.99	1.01	74.89
2006	8755	3417.01	3406.30	10.71	39.03	99.69	0.31	92.84
2005	8118	668.92	658.99	9.93	8.24	98.52	1.48	61.81
2004	6870	818.19	809.44	8.75	11.91	98.93	1.07	71.20
2003	5702	576.52	568.78	7.74	10.11	98.66	1.34	12.62
2002	4175	463.85	457.36	6.49	11.11	98.60	1.40	12.19
2001	3801	1449.75	1444.52	5.23	38.14	99.64	0.36	75.79
2000	4017	318.15	313.23	4.92	7.92	98.45	1.55	4.51

资料来源：世界卫生组织官方网站，http://apps.who.int/gho/data/view.main.HEALTHEXPCAPNIU?lang=en。

第五章　社　会

医疗服务　纽埃政府卫生部负责全国公共卫生管理工作。卫生部的工作重点是公共卫生防疫，降低纽埃人口死亡率，重点是加强卫生宣传，营造健康的环境，努力把纽埃建成南太平洋地区健康水平最高的岛国。根据世界卫生组织2006年的统计数据，除了卫生部部长之外，纽埃卫生部还有4名医疗卫生干事，2名牙科医生，1名牙科护士，1名药剂师，15名护士（1名护士长，13名医院护士，1名产科及儿科护士），2名产科医生。除了这些工作人员之外，纽埃卫生部还有卫生宣传员、健康服务管理人员、办公室助手和司机等人员。

纽埃只有一家医院，即利物浦医院，也是纽埃最大的医院。自二十世纪九十年代起，利物浦医院就承担着纽埃全岛人口的疾病预防及治疗、牙科护理、学校卫生服务。2001年6月至2002年5月，利物浦医院在世界卫生组织、新西兰国际开发署和澳大利亚国际开发署的帮助之下，投入200万新西兰元进行更新扩建。但该医院在2004年飓风"赫塔"袭击纽埃时被毁。之后纽埃政府在阿洛菲福努阿库拉的一个青年活动中心逐渐建立了医疗服务设施。后来纽埃政府在距离海边较远的凯米地建立了新的医院。新医院于2005年由世界卫生组织、欧盟和新西兰国家发展中心提供基金兴建，并重新命名为纽埃佛乌医院（"佛乌"在纽埃语中是"新"的意思）。医院里共有24张床位，设有产科病房。新医院提供急诊及需要手术的住院治疗服务，需要特殊治疗的病人则通过航空转到邻近国家接受救治。①

---

① 根据纽埃政府官方网站介绍，医院的接诊时间为周一至周四：上午8：00～下午4：00；周五、周末及节假日：上午9：00～10：00，下午7：00～8：00。就诊电话4100；急救电话999。

123

纽 埃

除了纽埃佛乌医院，纽埃还有一个牙科诊所。在纽埃，一般保健和牙齿修护都是免费的。此外，哈库普、北阿洛菲、南阿洛菲等人口较多的村庄都有诊所。在纽埃，平均每500人才有1名医生，纽埃实行医疗卫生社区巡回服务制度。为方便各村居民就诊，纽埃有一个流动门诊，由公共卫生护士和公共卫生干事定期到各个村庄进行健康检查。除了具有行医资格的正式医疗人员之外，纽埃还有草药医师和传统医术人士，处理纽埃地方特有的心理健康问题。尽管政府禁止这种医疗行为，但在纽埃目前依然可以找到提供这种医疗服务的机构。

卫生法规 为了保证公共卫生工作的良好开展，纽埃政府制定了严格的《公共卫生法案》。按照纽埃《公共卫生法案》，在必要情况下，警察厅协助开展各项公共卫生工作。纽埃政府设立卫生视察员，卫生视察员的工作是协助并保证纽埃各项医疗卫生工作的开展。卫生视察员依据其执行工作的不同，有时又称"蚊蝇控制员"、"食品检查员"等。

为更好地预防疾病，卫生部按照政府内阁的建议和要求，按照《国际卫生条例》，制定相关卫生政策并监督实施。纽埃政府在必要条件下指定相关机构，选择相关场所作为疾病隔离场所，做好隔离，并及时通知公众。按照纽埃法律，任何擅自进入疾病隔离场所的人员将被处以拘留惩罚。按照《公共卫生法案》，纽埃的任何人都有义务和责任向卫生部报告有可能患传染性疾病的人员信息，对于知情不报者将处以罚款。卫生部接到报道后，应立即组织医护人员对患者进行检查，且有权决定其是否需要进行隔离治疗，有权决定为病人进行治疗的医护人员。患传染性疾病的人员在没有治愈的情况下，如果没有得到卫生部的许可，不得擅自离开隔离场所，否则将被视为违法行为，将被处以一定的罚款。对于故意传染他人疾病的人员，将处以3个月以内的拘留或者处以1个处罚单位（140新西兰元左右）的罚款。对于患有传染性疾病，却依然从事可能会传染他人的公共服务性行业的人，对于个人行为将处以0.5个处罚单位（约70新西兰元）的罚款，对于集体行为则处以2个处罚单位（280新西兰元）的罚款。

按照《公共卫生法案》，纽埃居民有义务向卫生部报告因年老、疾病、贫穷等原因需要特殊照料的人员，由政府安排机构或人员进行照看。禁止没有医疗卫生资格的人员对任何需要照顾的人员进行治疗。按照规定，任何病房内不可以超过3个病人，只有病人病情严重、急需照顾的，才可以有陪护人员在病房内驻留，但每位病人不可以同时超过3个陪护人员。

纽埃实行严格的食品卫生制度。任何从事食品服务行业的单位和个人必须向卫生部申请卫生许可证，对于符合条件的，卫生部才核发卫生许可证，并保留所有卫生许可证的发放信息。食品服务行业单位和人员则应该在其经营场所悬挂卫生许可证。单位和个人办理卫生许可证需要缴纳一定的费用。政府对从事食品服务行业的工作人员的健康状况等也有严格的要求。对于违规申请或条件达不到标准的食品服务行业的单位和个人，卫生部有权取缔并收回所颁发的卫生许可证。对于无证营业、证书过期没有续办的食品服务行业单位和个人，卫生部将对其处以罚款。

纽埃政府对于食品加工场所也有严格的要求。食品加工场所禁止建在污染严重的建筑内，卫生条件、室内设施等应该符合标准，不可以对顾客及周围人员的人身安全造成伤害。除此之外，《公共卫生法案》对每种食品的加工场所、加工人员、加工流程

等都做了非常详细且严格的规定。对于违反食品卫生规定，违规加工或出售不符合卫生条件食品的单位和个人将处以罚款，甚至拘留。

纽埃对公共活动场所的卫生条件也做了严格的规定。任何公共活动场所应该有良好的通风设施、照明设施，卫生条件良好，不应损害在公共活动场所的人员的健康与安全。除此之外，纽埃卫生部对于个人住宅建设的要求也充分体现了上述规定，而且对于每栋房屋、每个房间居住的人数都做了严格的规定，对于不达标的，卫生部将责成公共服务部相关人员强制执行，对于不达标和可能造成危害的将予以拆除。

第五节　环境问题

纽埃所面临的环境问题在南太平洋岛国地区具有一定的代表性。受全球气候变化影响，飓风、台风频发，由此而引发的自然灾害也日渐频繁，海平面不断上升，不断侵蚀南太平洋地区各个岛国十分有限的居住地，不仅影响了其经济的发展，也导致这些国家的人民大量移居其他国家。纽埃所面临的问题尤为严重。如果国际社会不采取积极有效的措施，有人预测，再过五十年，像纽埃这样的岛国的居民，将会沦为"海洋难民"，被迫离开祖国，流落他乡。

自第二次世界大战以来，纽埃已先后多次遭受重大自然灾害的袭击。1959年的一场飓风几乎摧毁了整个纽埃岛，岛上的400多座房屋被毁，农作物几乎颗粒无收。为此，新西兰政府为纽埃提供了72000英镑的无息贷款，帮助纽埃进行灾后重建。1960年，纽埃遭受一场更为强烈的飓风的袭击，岛上的房屋遭到严重破坏，所剩无几。新西兰政府将灾后重建资金增加到 166000 英镑，由纽埃议会负责款项的分配。1979 年、1989 年，纽埃又两次遭受非常严重的飓风袭击，损失也十分严重。最严重的一次飓风袭击发生在 2004 年。2004 年 1 月，热带飓风"赫塔"袭击纽埃，造成 2 人死亡，整个纽埃岛几乎被摧毁，岛上的大多数房屋、公共设施，包括全岛唯一的一家医院——利物浦医院，都被夷为平地，所有的农作物颗粒无收。飓风"赫塔"袭击的破坏性还在于它对纽埃社会稳定的影响。这次飓风之后，为了求得更为安定的生活，不少纽埃居民陆续离开纽埃，移居新西兰，致使纽埃的人口一度从 1500 人降至 500 人，其结果是纽埃政府的经济生活难以继续。① 2016 年 2 月 7 日到 3 月 3 日，热带飓风"温斯顿"袭击了南太平洋地区的瓦努阿图、汤加、斐济、纽埃和澳大利亚东北部的昆士兰，给这几个国家和地区造成了非常严重的损失，尤其是斐济和汤加受损最为严重。"温斯顿"并未在纽埃登陆，因此纽埃所受影响相对较小，但对于环境条件相对恶劣的纽埃而言，依然意味着非常大的危险。

  2007 年 10 月，"第三十八届太平洋岛国论坛"在汤加召开期间，纽埃总理扬·维维安就针对全球气候变化问题发出紧急呼吁，要求世界各国，尤其是经济发达国家，应积极采取措施，应对全球气候变暖问题。然而作为一个小小的岛国，纽埃的呼吁并没有引起世界大国的充分重视。扬·维维安呼吁说："我们要向大国呼救：如果你们不听，我们不做，等灾难来了，我们就完了，要采取坚决

---

① http://zh.wikipedia.org/wiki/%E7%BA%BD%E5%9F%83%E5%B2%9B.

纽 埃

行动，人类已经到了刻不容缓的时候了。"①

纽埃无论是经济结构、社会结构，还是其自然环境，都极易受到外来力量的冲击。为了应对日益紧迫的环境问题，2012年4月，纽埃总理托克·塔拉吉签署通过《纽埃自然灾害危险管理及气候变化国家联合行动计划》，以响应2007年南太平洋岛国领导人共同签署的旨在实施《2006~2015年太平洋岛国气候变化行动框架》决议的《2006~2015年太平洋岛国气候变化行动框架实施行动计划》，以及2009年南太平洋岛国领导人共同签署的《2005~2015年太平洋自然灾害危险减少及自然灾害管理行动框架》。纽埃政府通过《纽埃自然灾害危险管理及气候变化国家联合行动计划》，旨在和南太平洋岛国一起，共同应对气候变化所带来的问题，力图创造"更安全、更具弹性的纽埃"，具体目标如下。

1. 建立办事高效、行动有力的社会机构，最大限度地减少自然灾害带来的危险，应对气候变化。第一，将应对气候变化与减少自然灾害危险工作同国家经济发展规划、财政预算相结合，同各个部门政策、计划的制定相结合；第二，成立有效的管理体制，制定、实施能有效减少自然灾害危险的方案，并能够积极应对；第三，加强与纽埃国内、太平洋地区及国际组织的合作。

2. 强化公众意识，加强公众有关气候变化、自然灾害因果关系的理解。第一，制定、实施有效的沟通、交流战略；第二，通过公共论坛、工作坊、培训等教育宣传手段，也可以通过各种媒体，强化公众关于气候变化的认识；第三，与非政府组织、私营企业广

---

① 新华网努库阿洛法10月18日电（记者米立公、夏文辉），http://au.bytravel.cn/art/xdg/xdgnayqhbnfcj#/index.html。

泛合作，提高公众意识，尤其吸纳社区组织、村庄委员会、青年群体、企业组织等加入；第四，将气候变化及自然灾害危险管理观念融入学校教学当中；第五，广泛合作，积极宣传气候变化相关问题，让公众了解适应性、减灾、二氧化碳排放、温室效应等概念。

3. 改善生活方式，增强社区弹性，加强对自然环境的保护。第一，增强社区应对可能发生的气候变化及自然灾害影响的能力；第二，增强通信、电力、航空、航海等重要基础设施以及农业、旅游业等重要产业部门应对自然灾害的能力；第三，改善技术，增强收集、存储、分析气候变化及自然灾害危险信息的能力。

4. 改善可再生能源开发技术，提高能源利用效率，保护能源安全。第一，电力、建筑、交通、工业、旅游、农业、通信、水力等部门，应提高能源利用效率，改善能源保护措施，提高减灾能力。第二，提高可再生能源开发技术，充分利用太阳能、风能以及其他可再生能源。

5. 积极准备，增强有效应对气候变化及自然灾害，并能迅速恢复生产、生活的能力。①

---

① 参见《纽埃自然灾害危险管理及气候变化国家联合行动计划》，第14页。

第六章
文　化

第一节　教育

义务教育　受其人口数量较少的限制，纽埃的教育系统相对于同一地区其他国家略显落后。《纽埃宪法》规定，纽埃政府面向5~14岁的儿童实行免费义务教育，纽埃学龄儿童的入学率为100%。纽埃政府与联合国教科文组织紧密合作，实行全民教育，为有特殊需求的儿童提供更好的教育机会。目前纽埃有1所小学和1所中学（含高中）。此外，纽埃还与新西兰以及邻近国家合作，推荐优秀学生到国外大学学习，或者在纽埃当地设立国外大学的分校。纽埃的中小学教师主要从纽埃当地选拔，每年还从新西兰或其他国家聘请15~20位教师前来纽埃任教。

在课程设置方面，纽埃的中小学校采用新西兰的教育体制，引进新西兰课程，借用新西兰中小学的模式，主要向学生传授传统知识，但也增加适合岛国环境的一些课程。为保证学生在高中毕业后能够进入新西兰的大学学习，纽埃高中采用新西兰中学的课程体系，教师用英语授课，而且新西兰教育认证机构也承认纽埃学生的学业成绩。纽埃政府还提供奖学金、教育贷款，鼓励优秀学生到国

外读大学。此外，政府还会选拔优秀的学生到国外参加职业培训，如接受医生、护士、工程师、技术员、管理者、经理、教师、机械工等培训，政府为其提供奖学金，学成回国后多数人到政府部门工作。

高等教育 纽埃没有自己的大学，但近年来，纽埃政府大力发展与国外高校之间的合作，通过互联网课程、网络公开课程、业余学校、慕课等形式，向本国居民提供高等教育，主要以人员培训为目的。目前纽埃有三所大学，包括位于阿洛菲的纽埃利物浦大学，位于拉凯帕村的圣克莱门茨大学高等教育学院和位于阿洛菲的南太平洋大学纽埃校区。这三所大学并非真正意义上的大学，均为学员提供远程课程学习。其中南太平洋大学纽埃校区规模最大，注册学生最多。该校最初建于1972年，2000年重建，并改善了教学设施。该校主要提供管理学和计算机类课程的远程学习，多数学员在纽埃政府部门找到了工作。目前该校在职人员包括校长、理事、办公室秘书、IT网络指导、信息/清洁员各1人，但没有固定的指导教师，指导教师多为临时聘用人员。

教育法规 为保证教学的有序开展，1989年颁布的《教育法案》对纽埃的教育管理、学校建设、学校管理、课程设置等做了详尽的规定。在学校性质方面，虽然纽埃只有公立学校，但《教育法案》规定纽埃的学校可分公立学校和私立学校两类。公立学校由政府资助建立，向纽埃人民提供学前教育和中小学教育，建立幼儿园、游乐中心或其他类似的机构以及小学和中学，也可提供继续教育或进行职业培训。教育部门主任向教育部长建议建设学校的地点、聘任教师的数量、教授的课程。纽埃政府也会考虑某些个人、机构、团体的请求建立私立学校。个人、团体或机构应向教育

第六章 文　化

部门主任提供相关的资料信息，再由教育部门主任将相关信息提交教育部长审批。经政府内阁同意后，教育部门主任进行公示，开始组织人员，着手建立私立学校。当然，在政府内阁同意的情况下，教育部长也可以关闭不具备建校资格或影响学生、政府利益的私立学校。

纽埃的公立学校和注册的私立学校由教育部管理，都接受由教育部门主任任命或授权的督察员的检查，这些学校随时都得接受教育部长、教育部门主任、代理校长、督察员或由教育部门主任任命的其他任何人员的调查。此外，教育部门主任或他所任命的教育部门其他人员都可以检查这些学校的账务及办学记录，学校则应该提供所有的办学材料。公立学校的校长由纽埃公共服务委员会任命，负责学校学生的护理、安全、教育，同时应向教育部门主任负责。除校长外，纽埃公共服务委员会还可以任命代理校长，聘任教师和其他职员。公立学校校长有义务向该校学生及其家长提供指导或咨询。如因为自然灾害或其他不可抗力原因致使学校建筑损毁，教育部长会宣布学校暂时关闭。除此之外，在校学生还定期接受医疗检查，包括牙科检查，费用由纽埃政府支付，但检查前需要征得学生父母的同意。

为了加强管理，教育部全面负责纽埃的各级各类教育，包括基础教育、高等教育和职业培训。为保证教学工作正常开展，纽埃公共服务委员会任命教育部门主任，其在纽埃教育管理工作中负主要责任，在教育部长授权的情况下代替教育部长管理纽埃教育。除此之外，纽埃公共服务委员会还可以任命代理主任、学校督察员，以及其他教育部门管理人员，和教育部门主任组成代表团。代表团协助教育部门主任和教育部长管理教育，但是教育部长可宣布撤销该

纽 埃

代表团。经教育部门主任授权，代表团成员可以代表主任行使职责。纽埃议会有权调拨经费或支付与教育相关的费用。

在教育部长授权的情况下，教育部门主任划定纽埃的各个学区。生活在该学区的儿童在没有被当地公立和私立学校开除记录的情况下，可以注册该学区学校接受教育。在教育部长授权的情况下，教育部门主任有权推荐某学区儿童进入其他学区的学校学习。每个公立学校都有学校管理委员会，其成员多为5人，其中4人由该校学生家长选举产生，校长应该是上一届学校管理委员会的成员。每个学校都有一名来自每个村庄的代表，共同组成学校管理委员会。如果学校没有管理委员会，教育部门主任负责组建学校管理委员会。每一届委员的任职时间是一年，每一届委员都需要重新选举。选举通常在新学年开始时进行，通常不晚于每年的4月。纽埃学校管理委员会成员的资格也是有规定的，精神有问题、破产、有犯罪经历的，都不能入选。公立学校每位学生的家长都有资格当选该校管理委员会成员，但每位家长只能同时担任一所学校的委员会成员。如果任何委员死亡、辞职、无故三次缺席委员会会议、神智出现问题、破产、犯罪，则被视为离职，则需要重新选举一名委员替补。学校管理委员会召开会议，选举主席，任命办公人员，行使管理职责。如果有3个月学校管理委员会未能召开会议，该委员会自动解散，需重新组建学校管理委员会。委员会的职责是保证学校设备、设施正常运转，保持学校环境卫生。委员会有权按照规定使用教育部门主任拨付的专项经费和通过其他渠道获得的经费。

纽埃公立学校实行义务教育，但部分学校、特殊学生需要交纳学费。教育部门主任按年度向学校拨付专项经费。这些经费连同学校通过其他渠道获得的收入，共同作为学校基金。如果该学校关闭，学校所拥有的经费将交由教育部分配，作为其他学校的办学基金。政府审计部门负责审计学校的账户。

纽埃《教育法案》规定，纽埃所有5岁到14岁的适龄儿童必须接受义务教育，并可以根据其居住地点进入政府设立的公立学校学习，也可进入私立学校就读，也有权选择进入特殊学校接受教育。纽埃还有一项法律规定，如果纽埃儿童在新学期开始后才满5岁，也可以在学期开始时入学。如果子女有条件接受学校教育，父母必须为适龄子女提供教育。学生完成小学教育后，可以获得毕业证书，进入中学无须注册。如果没有完成小学教育，其父母可向其居住地附近的公立小学申请免注册证明；如果已经完成了小学教育，则向居住地中学申请免注册证明。其他情况不可获得免注册证明，除非孩子在具备公立小学同等资质的其他机构接受教育，或者孩子因身体问题不能正常在学校接受教育。所有免注册证明都需要标明免注册的理由，并在获得后的两周内提交给教育部门主任，教育部门主任有权否决免注册证明的有效性。纽埃政府还为有残疾、不能正常参加学校教育的儿童提供接受特殊教育的机会。如果父母不能为其选择合适的学校，则由教育部门主任为其选择合适的机构接受教育。如果父母拒绝让子女接受教育，将会受到政府的惩罚，但接受惩罚后依然需要把子女送入教育机构学习。

《教育法案》还规定了学校班级人数及课堂教学的时间。教育部门主任在教育部长授权的情况下，有权决定公立学校学生的人数，以保证学生能够受到更好的教育。纽埃学校通常根据各自的实际情况，对学生实行分类教育，设立不同的班级，制定不同的标准，采用不同的形式。纽埃学校实行从周一到周五五天工作日，官方规定的法定节假日除外。各个学校在没有获得教育部长同意的情

况下，不可以随便调整教学时间。针对不同年龄阶段的学生，各个学校每天的学习时间也不同。6岁以下的小学生，每天课堂学习时间不应超过5个小时，6岁及6岁以上的儿童每天课堂学习的时间是6个小时。所有的学校每年的教学时间，如没有特殊的情况，不应该少于200天，最多不应超出210天，每个学期的时间不应该超过15周。但在内阁同意的前提下，教育部长可以调整每学年的教学天数或每学期教学的周数。

在学校纪律管理方面，各个学校校长要求任课老师记录学生的到课情况，教育部门主任或者其他官员将会定期组织人员检查学校考勤记录。儿童学习期间，如需请假，须由其父母向校长申请离校。请假的情况包括生病、有感染疾病的危险、身体虚弱、父母有严重疾病、天气恶劣，以及交通问题。除此之外，不准无故旷课。请假时间一般不能超过三个月，但可以在请假获准时间结束后继续申请。学校有理由不允许学生请假，如果父母对此有异议，可向教育部门主任提出申诉；教育部门主任当然也有权否决学校已经批准的请假申请。如果学生没有请假或请假没有得到校长批准，不到校则被视为旷课，学生最长旷课时间不得超过5天，但必须提供充分的旷课理由。对于14岁以下的学生如果无故旷课1周以上（14岁以上的可以在获批的情况下参加工作或接受培训），或者有可能对学校其他学生造成危害，如患有传染性疾病，或严重违反学校纪律，校长有权将其开除，并上报教育部门主任。如果校长拒绝学生复学，教育部门主任会为学生选择其他学校或教育机构，保证学生接受应有的教育。在学生找到下一所教育机构接受教育之前，原来的学校仍然保留学生的学籍。

按照《教育法案》，5～14岁是义务教育阶段，儿童必须接受义务教育，但是14岁以上的纽埃儿童，其父母可以直接向教育部门主任申请，不进入学校学习，但其前提条件是找到了工作或者要接受某项培训，而且所从事的工作和所要参加的培训比学校教育更有利于孩子的成长。当然教育部门主任可以在条件、理由不充分的情况下拒绝父母的申请。同时主任应向教育部长报送批准或不批准申请的理由。如果这项申请被教育部门主任拒绝，其父母可以直接向教育部长提出申诉。对于已经注册却无故不上学的学生，政府部门将对其父母处以一定数量的罚金。

在教学内容方面，按照规定，公立学校必须向学生传授普通知识，保证学生获取充分的知识和技能。同时学校的责任是为纽埃人民提供最高质量的教育，传承纽埃的传统艺术、传统工艺或价值观念，同时对学生实行英语和纽埃语的双语教育。学校开设的所有课程都需要经过教育部长的批准。除了上述普通知识的教学之外，经过教育部长的同意，各个公立学校也可以组织宗教内容的教学，但每周每个班级不应超过30分钟，而且应该列入学校课程范围之内，且不能与政府政策相抵触。教授宗教知识的人员应在教育部长同意下聘任，不可以是教会部门人员，学生家长有权向学校申请子女不参加宗教类内容的学习。

第二节　文学艺术

概况　长期以来，纽埃的传统文学、艺术主要采用口头传授的形式，缺乏书面形式的艺术作品和家族谱系资料。纽埃近年来非常关注民族文学、民族艺术、民族工艺、民族历史等的传承问题，并于2004年建立"托加纽埃"文化建设办公室，其主要目标是支

纽 埃

持、促进纽埃文化、语言、传统的保护及应用,实现纽埃经济、社会的可持续发展,具体从以下几个方面开展工作。历史方面,托加纽埃通过保护现有的历史书籍,为学生、学者、研究人员和普通读者提供了解、研究纽埃历史的资料。传统工艺方面,主要收集并保存纽埃人传统的编织刺绣工艺以及草垫、草帽、腰带、树皮服装、项链等传统工艺品,还包括建筑艺术以及制作木器、制作武器、结网等技艺,尤其是制作独木舟的传统技术。传统艺术方面,收集纽埃民族的传统舞蹈、音乐以及传统乐器与乐器制作技术,捕鱼、口头故事、绘画等也是需要收集、建设的内容。传统习俗方面,建立传统习俗文献数据库,供学校和学者研究使用,通过传承传统文化、传统习俗,强化纽埃人民的民族身份,增强纽埃人民的爱国情怀。民族遗产传承方面,鼓励民间艺人记录民族传说故事,从本国各地以及海外相关机构搜集已有的文化资料,收集纽埃传统的捕鱼工具、雕刻工具、农耕工具、狩猎工具,乃至食物收集技巧,并展出上述传统文化产品,申请文化遗产。纽埃语言也是"托加纽埃"未来重点建设的内容,培养师资教授纽埃语,编写语言教材、字典。除纽埃传统的文化艺术之外,现代艺术、现代文化资源也是"托加纽埃"重点建设的内容。

纽埃政府于1987年在阿洛菲建造了纽埃国家博物馆,在2004年的飓风灾难中该馆遭到严重损毁,收集的资料损坏严重。该博物馆现已重建,并于2013年开馆。2005年之前收藏的民族文化艺术藏品中,有10%为从纽埃居民手中或海外机构和个人手中收集来的传统工艺品,这些藏品依然放在旧馆当中。新馆收藏了2005年以来收集的传统工艺品,有来自居民家庭的收藏品,有具有历史与文化意义的物品,也有2004年飓风袭击以后当地妇女利用纽埃原材料编织的手工艺品。其中最具特色的是 2005 年经过比赛筛选出来的编织草帽。该馆还展出了《纽埃宪法》，以纪念纽埃独立。除此之外，1995 年建立的塔西奥诺艺术馆，还展出一些与纽埃有关的艺术作品，主要展出了新西兰籍纽埃当代油画家马克·克劳斯[①]的作品。该中心目前由马克·克劳斯的妻子阿依·克劳斯管理，主要展出马克·克劳斯在纽埃创作出版或与纽埃有关的绘画作品。

文学 纽埃文学以口头文学为主，书面文学还没有形成明显的纽埃特色。在文学创作方面，成就最突出的是纽埃诗人、小说家、艺术家约翰·普勒。约翰·普勒是纽埃当代艺术家、诗人、小说家，1962 年出生于纽埃的利库村，但从 3 岁起一直生活在新西兰的奥克兰。先后发表了《吞噬太阳的鲨鱼》（1992）、《我的头颅在天堂燃烧》（2000）、《躁动不安的人们》（2004）等小说，还发表了许多诗歌，包括《致梵高与上帝的十四行诗》（1982）、《追随太阳的花》（1984）、《时间的契约》（1985）等。2000 年，约翰·普勒成为奥克兰大学的驻校作家。2002 年成为夏威夷大学英语系的特级驻校作家并被聘为写作课的客座教授。2004 年被新西兰艺术基金会授予"桂冠诗人"称号。2005 年，同澳大利亚作家、人文学家尼古拉斯·托马斯合著《纽埃传统艺术形式研究：纽埃树皮布的过去与现在》。2013 年成为坎特伯雷大学写作课的驻校教授。

[①] 马克·克劳斯出生于新西兰，是土生土长的新西兰人，从少年时起就开始从事艺术创作。1976 年与纽埃移民阿依·玛卡伊结婚。1978 年，年仅 23 岁的马克·克劳斯随妻子迁至其妻子出生地纽埃利库村定居。也正是在这期间，马克·克劳斯奠定了他的艺术基础。他的作品总是给人一种孤寂、深远的幻灭感。马克·克劳斯的妻子阿依·克劳斯回到纽埃后，则致力于发掘纽埃传统编织艺术。同时阿依·克劳斯对于传统草药也非常感兴趣，并于 1991 年来中国学习中医。克劳斯夫妇对于传播纽埃文化起到了很好的作用（参见马克·克劳斯个人网站，http://www.markcross.nu/）。

纽 埃

艺术 约翰·普勒在艺术创作领域也有非凡的成就,被昆士兰艺术中心称为"太平洋地区最重要的艺术家之一"。普勒的艺术创作范围广泛,包括绘画、电影制作、表演等,主要刻画纽埃人的宇宙观、宗教信仰以及纽埃人对移民、殖民等问题的观点。普勒的绘画创作包括油画、树皮画等具有典型波利尼西亚文化特色的艺术作品。从20世纪90年代以来,其作品陆续在新西兰、澳大利亚、美国等国家以及欧洲、太平洋地区、亚洲展出。1996年、2002年、2006年,约翰·普勒的作品先后三次在澳大利亚昆士兰艺术中心三年一度的亚太艺术作品展中展出,在这期间他的绘画作品《永远,永远》(2005)成为2006年艺术展宣传画册的封面作品。普勒在各地展出的其他重要作品还包括《阿曼纳吉亚》(2007)、《激流》(2007)、《天堂在即》(2004)、《准备!人们!》(2000)、《唤醒奈玛,一起创作》(1995)、《装在瓶子里的海洋》(1994)。2010年惠灵顿城市艺术中心为普勒组织了一场主题为"到来"的艺术作品展,并在新西兰各地巡回展出。普勒的艺术作品深受人们喜爱,他的许多作品先后被昆士兰艺术中心、堪培拉澳大利亚国家艺术中心、墨尔本维多利亚国家艺术中心、奥克兰艺术中心、惠灵顿新西兰博物馆、苏格兰民族博物馆等收藏。

纽埃的传统音乐多为纽埃人集会时为舞蹈伴奏用的敲击乐。随着纽埃现代化进程的推进,纽埃的音乐也逐渐融合了现代文化元素。马奈阿工作室和纽埃广播公司是纽埃仅有的两个能够录制音乐的机构。目前纽埃也有一些音乐人士在音乐创作方面取得了较好的成绩,奥塔拉百万俱乐部的鲍利·弗埃马纳是其中之一。鲍利·弗埃马纳是纽埃人和毛利人混血儿,他凭借歌曲《如此奇特》跃居太平洋地区12个国家的音乐榜首,截至2015年已经先后卖出300万张唱片,成为太平洋

第六章 文　化

地区最成功的音乐家。音乐家车弗获得了好几个纽埃音乐托伊奖。纽埃人移民新西兰对纽埃社会有很大的影响，但是也给纽埃的音乐提供了良好的发展机遇。目前纽埃的几位音乐新星正逐渐崛起，例如采用说唱音乐、瑞格音乐、嘻哈音乐等当代音乐形式表现音乐的麦卡瓦。利用纽埃语从事音乐创作的艺术家和音乐团体也正在崛起，包括"岛国荣耀"、PNG 高地人、TA5 等音乐团体。弗埃他－姆塔是纽埃第一个录制自己唱片的音乐团体。①

相对于其他国家，纽埃的文学与艺术创作依然处于起步阶段，但对于仅有千余人，孤立于浩瀚太平洋中的岛国而言，纽埃的文学家、艺术家们已经取得了非常了不起的成绩。

第三节　新闻媒体

媒体机构　纽埃目前有《纽埃之星》报社和纽埃广播公司两家媒体。《纽埃之星》创刊于 1993 年，是在纽埃、新西兰、澳大利亚同时发行的一份周报，该报社也是纽埃唯一的一家新闻出版机构。该报采用英语和纽埃语双语发行，流通量不大，大约为 800 份。迈克尔·杰克逊是该报的创始人，也是该报的所有者、编辑、记者兼摄影师。《纽埃之星》曾经得到联合国教科文组织的资助，联合国教科文组织为杰克逊提供了一台电脑、一台数码相机和一台印刷机。在这之前，杰克逊还为纽埃政府发行过一份名为《托希塔拉纽埃》的报纸。目前该报纸已停止发行，但该报为《纽埃之星》的出版发行奠定了基础。《纽埃之星》创设于纽埃的阿洛菲，

---

① http://en.wikipedia.org/wiki/Music_of_Niue.

但在2004年"赫塔"飓风袭击中,该报的办公室和印刷厂被夷为平地。后来,该报的办公室搬到奥克兰,目前依然在出版发行。

纽埃广播公司(简称BCN)是纽埃政府根据1989年的《广播法案》成立的政府机构,下设纽埃电视台和阳光无线广播电台。纽埃广播公司运行严重依赖政府补贴,向纽埃人民提供无线电广播及电视信号服务。纽埃政府针对纽埃广播公司组建了由6个部门主任组成的董事会,负责制定政策,监管广播公司开展业务,为纽埃居民提供高质量的娱乐、信息服务,传播纽埃传统文化、民族精神、民族语言,教育国民保护纽埃环境。

政策法规 根据1989年的《广播法案》,纽埃广播公司应接受由前任财政秘书、前任社区事务部主任、商务部主任、青年业务部主任、宗教事务部主任、妇女事务部主任组成的主任团的监督。主任团选举1人担任主席,主持会议或组织各项监督活动。主任团成员每届任期3年,每2个月召开一次会议,主席主持会议,做决策时5人为最少的法定人数。如果各部门前任主任有事缺席,可以由他所隶属的部门指派代理人员参加会议,进行投票表决。除此之外,广播公司还可以组建由公司各部门管理人员组成的委员会,会同公司总经理或其他人员,全权代表公司开展业务。

纽埃广播公司内部实行多层次多级管理。总经理由主任团任命,任期一般不超过2年。总经理是广播公司的法人代表,总体负责公司的各项业务,其工资薪酬及各种津贴由公司支付。公司再雇用各部门管理人员和工作人员。公司也可以以借调的形式从纽埃公共服务部门雇用工作人员。根据法律规定,广播公司总经理不属于纽埃公共服务人员,但其行为必须遵循纽埃公共服务行为规范,其工作人员在待遇方面同于纽埃公共服务部门人员的待遇,但也可以优于纽埃公共服务部门。所有工作人员都应遵守公司的相关规定。纽埃广播公司还有权签订合约，开展各种广播业务，节目制定不需要政府内阁干预，政府也不可以干预广播公司的用人制度。但公司在制定广播节目时应采纳节目咨询委员会提出的建议，遵守纽埃《通信法案》的相关规定，节目内容应满足纽埃不同社区的需求，不应该损害纽埃国家及广大居民的利益，广告制作也应该符合政府的规定。

按照《广播法案》规定，广播公司有权处理公司拥有的动产、不动产及其他各种资产，有权支配财政部划拨的经费。但由于广播公司主要由政府提供资助，借款数额如果超过2万新西兰元，必须得到宣传部长的批准。公司的所有经费、收入都存放在主任团同意开设的银行账户中。所有经费用于支付公司运转的各项费用，每年的盈余存入公司基金账户，并以分红形式向政府账户支付一定的费用。同时，公司每年都要整理其收入、开支，报送财政部长，政府审计人员负责审核公司账务。

在政府允许的范围内，公司有权向服务对象收取一定的服务费。纽埃的任何居民在注册以后，都可以收看和收听广播公司的电视节目和无线广播电台的节目。电视信号用户每年需要缴纳260新西兰元的费用，每个季度支付一次，每年的1月、4月、7月、10月的1号缴纳，对于14天之内未缴纳的，将每天收取2%的滞纳金；逾期22天未缴纳信号费用的，将被注销账户。没有注册而接收并使用电视信号的行为都会被视作违法行为而受到处罚。

第七章

外　交

第一节　外交简史

1774年,英国探险家詹姆斯·库克发现了纽埃,三次试图登陆,均没有成功。1830年,英国探险家约翰·威廉姆斯成功登陆纽埃,从此纽埃实质上成为英国的殖民地。1900年,英国正式成为纽埃的监护国,与此同时,新西兰也试图将纽埃并入其版图中。1903年,新西兰最终与英国政府达成协议,正式托管纽埃,并于次年开始,在纽埃设立岛国委员会(后更名为纽埃议会),并为其在新西兰议会中保留席位。

第二次世界大战以后,随着世界民族解放运动的兴起,作为殖民地国家,纽埃的独立也被提上日程。1974年,新西兰议会通过《纽埃宪法》,经纽埃议会投票,确定纽埃独立,成立内部自治政府,但与新西兰保持自由联合关系,新西兰仍代表纽埃开展外交与国防事务。1988年新西兰宣称,新西兰以后所参与的各项国际协定,不再将纽埃纳入其中,标志着纽埃外交独立的开始。纽埃开始以独立政府的身份同其他国家建立外交关系,或加入各种国际组织,签署各项协定或公约。1993年,纽埃成为联合国教科文组织成员国，1994年加入世界卫生组织。1994年，联合国秘书处宣布纽埃享有独立签订各项国际条约、协议的所有权力。

到2015年为止，纽埃已经和10余个国家正式建立了外交关系。与纽埃建立外交关系的大洋洲国家包括新西兰（1993）、澳大利亚（2013）、库克群岛（2013）、巴布亚新几内亚（2004）、萨摩亚（2014）；亚洲国家包括中国（2007）、印度（2012）、新加坡（2012）、泰国（2013）、土耳其（2014）、日本（2015）；美洲国家包括古巴（2014）；欧洲国家包括意大利（2015）。[1]

第二节 与国际组织的关系

加入国际组织 进入21世纪后，纽埃的外交活动范围有所扩大，积极加入各类国际组织。纽埃目前不是联合国成员国，但加入了联合国教科文组织、世界卫生组织、联合国粮食及农业组织、世界气象组织，是万国邮政联盟成员，同时还是太平洋岛国论坛、国际农业发展基金会、国际禁止化学武器组织、太平洋共同体、南太平洋地区经贸合作协定、非加太国家集团、南太旅游组织的成员。2002年，纽埃正式加入《太平洋更紧密经济体协定》。2008年12月，纽埃加入联合国碳平衡网络。[2]

签署国际公约 除此之外，纽埃还签署了多项国际协定或

---

[1] 纽埃还与斐济、瑙鲁、马来西亚、法国、以色列、巴西等保持双边关系，但未建立正式外交关系。

[2] http：//www.fmprc.gov.cn/mfa_chn/gjhdq_603914/gj_603916/dyz_608952/1206_609328/.

第七章 外 交

公约,① 主要包括《太平洋地区燃料合作协定》（2009）、《全面禁止核试验条约》（2012）、欧盟同非加太国家集团之间的《科托努公约》（2000，之后纽埃政府派专员驻布鲁塞尔欧盟组织）、《中西太平洋高度洄游鱼类种群养护和管理公约》（2000）、《南太平洋禁止长流网捕鱼公约》（又称《惠灵顿公约》）（1997）、《南太平洋地区自然资源及环境保护公约》（1990）、《拉罗汤加南太平洋无核区条约》（又称《拉罗汤加条约》）（1986）、《关于持久性有机污染物的斯德哥尔摩公约》（2002）、《部分太平洋岛国与美国渔业条约》（2003）、联合国《生物多样性公约》（1996）、《生物安全议定书》（2002）、《联合国气候变化框架公约》（1996）、《京都议定书》（1999）、《联合国海洋法公约》（1984）、《保护臭氧层维也纳公约》、《韦盖尼公约》（2003）、《世界遗产公约》（2000）等。

国际会议交流 纽埃政府还频繁参加各种国际会议，寻求与其他国家的合作。2004年11月，纽埃总理维维安赴比利时出席"欧盟－非加太议会全体会议"和"环境会议"。2005年1月，纽埃总理维维安出席在日本举行的"国际减灾会议"，并向东南亚遭受海啸袭击的国家捐款2.5万新西兰元。同年4月，维维安访问斐济，并与斐方达成互用对方领空的协议。2006年5月、6月，维维安分赴冲绳和巴黎出席"第四届日本－太平洋岛国论坛首脑会议"和"第二届法国－大洋洲峰会"。同年10月，总理维维安赴斐济出席"第三十七届太平洋岛国论坛首脑会议"。2008年8月，"第三十九届太平洋岛国论坛首脑会议"在纽埃召开，会后纽埃总理与各国

---

① F. Nemaia, Niue's National Action Plan Addressing Land Degradation and Drought: A Report Prepared for the UNCCD, 2004 (http://www.unccd.int/ActionProgrammes/niue-eng2004.pdf).

147

纽 埃

元首进行会晤。2009年2月，纽埃总理塔拉吉访问日本，与日本首相麻生太郎会晤；5月，塔拉吉再次出席在日本北海道召开的"日本－太平洋岛国论坛首脑会议"；12月，塔拉吉出席在丹麦哥本哈根举行的"联合国气候变化大会"。

2010年8月，纽埃总理塔拉吉赴瓦努阿图出席"第四十一届太平洋岛国论坛首脑会议"；10月，"太平洋岛国论坛经济部长会议"在纽埃召开，纽埃总理塔拉吉就新西兰克赖斯特彻奇市地震向新西兰捐赠4.3万美元援助款。2011年3月，"太平洋气候变化圆桌会议"在纽埃召开；5月、9月，纽埃总理兼外交部长塔拉吉分别赴韩国、新西兰出席"首届韩国－太平洋岛国外交部长会议"和"第四十二届太平洋岛国论坛首脑会议"；11月，纽埃总理塔拉吉出席在夏威夷举行的"太平洋岛国领导人会议"。2012年5月，纽埃总理塔拉吉出席在日本冲绳举行的"日本－太平洋岛国论坛首脑会议"；8月，纽埃总理塔拉吉出席在库克群岛举行的"第四十三届太平洋岛国论坛首脑会议"。2013年3月，纽埃总理塔拉吉出席在新西兰奥克兰举行的"太平洋能源峰会"。2014年6月，新西兰总理约翰·基访问纽埃，与塔拉吉总理会谈，宣布新西兰将为纽埃发展旅游业和可再生能源项目提供135万新西兰元无偿援助，并与塔拉吉总理共同为刚修缮的纽埃机场候机楼剪彩；2016年6月7日，塔拉吉总理参加了新西兰政府和欧盟共同举办的"太平洋能源会议"。会议的议题在于探讨如何改善技术，加快开发可再生能源，提高能源使用效率，并探讨如何向太平洋岛国提供更多获取可再生能源的机会。

气候变化问题是太平洋岛国最为关注的问题。基于2015年巴黎气候峰会讨论的结果，2016年6月28日至7月1日，南太平洋地区波利尼西亚岛国领导人在塔希提岛的帕皮提召开专门会议，商

148

谈太平洋岛国应对气候变化问题的战略,并将太平洋岛国的区域性意见提交给将在摩洛哥举行的第 22 届联合国气候大会。

第三节 与新西兰、日本、美国的关系

纽埃宪法和新西兰宪法之间有密切的联系。1901 年新西兰从英国政府取得了对纽埃的政治托管权,1903 年正式托管纽埃。1974 年应联合国要求,通过《纽埃宪法》,允许纽埃作为新西兰的自由联合体,成立内部自治政府。《纽埃宪法》第一条规定,"新西兰政府有权代表英国女王行使权力"。1974 年《纽埃宪法法案》第一条规定,"新西兰有义务代表英国女王处理纽埃的外交及国防事务";第七条则规定"新西兰依然有义务为纽埃提供必需的经济及行政管理帮助"。该法案还规定在纽埃总理和新西兰总理充分协商、相互信任的基础上,两国在各个领域开展亲密合作。1977 年新西兰《国籍法案》规定,纽埃人自然享有纽埃和新西兰双重国籍。为保证两国之间合作的顺利开展,纽埃和新西兰互派代表,协助双方政府开展合作,两国国家高层领导人实现互访,互派高级专员。

新西兰设在纽埃的高级专员公署是新西兰唯一的驻纽埃外交机构,纽埃也仅也在新西兰设立了驻外代表机构,纽埃与许多国家的外交活动多通过其在新西兰的驻外代表机构开展。独立后的纽埃政府有权自行处理国内事务。近几年,随着新西兰国内以及全球政治经济局势的变化,新西兰对纽埃的政策有所调整。自 2000 年以来,纽埃开始建立自己的外交关系,寻求与世界各国的合作。但由于没有自己的军队和国防力量,在国家安全及军事外交方面,纽埃依然严重依赖新西兰政府。

纽 埃

　　1981年纽埃在新西兰的奥克兰市设立总领事馆，标志着纽埃和新西兰的现代外交关系正式建立。1993年纽埃在惠灵顿设立高级专员公署，标志着纽埃作为外交独立的国家与新西兰正式建立了外交关系。由于纽埃同新西兰特殊的外交关系，2001年纽埃通过一项特殊的法案，赋予纽埃驻新西兰惠灵顿高级专员公署及其所有工作人员外交豁免权。

　　纽埃、新西兰两国高层领导人互访频繁。1997年，新西兰总督迈克尔·哈迪·博伊斯和对外贸易部长麦金农先后访问纽埃。1998年纽埃总理弗兰克·路易访问新西兰。1999年，新西兰外交贸易部长麦金农再次访问纽埃，纽埃总理萨尼·拉卡塔尼、副总理扬·维维安分别访问新西兰。2000年，新西兰外交贸易部长戈夫访问纽埃，纽埃总理拉卡塔尼再次访问新西兰。2004年4月，纽埃总理维维安出席在奥克兰举行的"太平洋岛国论坛特别首脑会议"并访问新西兰。2006年8月，维维安应邀出席新西兰总督萨特亚南德的就职典礼并访问新西兰。2008年10月，新西兰总理克拉克赴纽埃出席纽埃宪法日庆祝活动。2014年，新西兰总理约翰·基访问纽埃。2008年、2015年，纽埃总理塔拉吉两次访问新西兰。同年10月，新西兰总理克拉克访问纽埃。

　　美、日等国同纽埃的关系也在纽埃的国际交往中具有重要意义。美国虽同澳大利亚、新西兰等国合作密切，但目前还没有同纽埃建立正式外交关系。日本作为太平洋地区重要的国家，2015年8月14日与纽埃建立正式外交关系。早在2015年6月第七届太平洋联盟首脑峰会上，日本首相安倍晋三就与纽埃总理托克·塔拉吉就两国建立外交关系事宜进行了磋商。作为其海洋战略的一部分，日本政府许诺协助纽埃开展"人类安全草根工程"，每年向纽埃提供

1亿日元（约合96万美元）的援助，为纽埃提供人员培训服务。日本此举在于试图通过与纽埃的外交关系及对纽埃的经济援助，增加其在太平洋地区及国际事务中的影响力。

第四节　与中国的关系

2005年1月，中华人民共和国外交部长李肇星在毛里求斯出席"小岛屿发展中国家可持续发展国际会议"，会议期间会见纽埃副总理塔拉吉。2006年4月，温家宝总理在斐济出席"中国－太平洋岛国经济发展合作论坛"，会议期间会见纽埃总理扬·维维安。同年7月，外交部长李肇星访问纽埃。

2007年6月，纽埃总理维维安访华。2007年12月12日，中华人民共和国驻新西兰特命全权大使张援远与纽埃政府总理维维安在惠灵顿分别代表各自政府，签署建交联合公报，决定自即日起两国建立大使级外交关系。纽埃是中国第170个建交国家。2007年12月12日，纽埃同中国建立了外交关系。[1]

2008年5月，纽埃代总理裴西吉亚就四川汶川地震致函中国驻新西兰兼驻纽埃大使张援远表示慰问。6月，吴邦国委员长、温家宝总理分别致电祝贺纽埃议长施亚基摩图、总理塔拉吉当选。10月17日，中国驻新西兰兼驻纽埃大使张利民在纽埃首都阿洛菲向总理塔拉吉递交国书，纽埃政府举行国书递交仪式。纽埃十分重视中纽关系，这也是纽埃首次为外国大使举行正式的国书递交仪式。22日，

---

[1] 纽埃并不是共和国，但它在ISO-3166-1世界国家名单中的全称是"纽埃共和国"。2011年ISO发现了这一错误，并在当年的各国名单中，将"共和国"三个字去掉。

纽 埃

塔拉吉总理在纽埃向张利民大使转交了纽埃政府和人民向中方捐赠的7080新西兰元（约合3.5万元人民币），用于四川汶川地震灾后重建。同年11月，塔拉吉总理赴上海出席"第十届中国国际旅游交易会"。

2009年6月，应吴邦国委员长邀请，纽埃议会议案委员会主席塔拉吉率纽埃议会代表团访华。10月，温家宝总理致信纽埃总理塔拉吉，祝贺纽埃人民庆祝纽埃宪法日。纽埃没有工业，却于2008年委托新西兰铸币厂铸造一款纪念银币，纪念新中国成立60周年。币面采用高浮雕工艺，浓缩了新中国成立以来所取得的辉煌成就：一条腾飞的巨龙及右侧的人民币符号，象征着中国经济的发展；中央的奥运圣火台，象征第二十九届奥运会在北京成功举办；左侧的一名宇航员，则象征中国在航天技术领域取得的突出成就。该纪念币共发行8800枚，传递出纽埃对中国的友好。

2010年10月，温家宝总理致电纽埃总理塔拉吉，祝贺纽埃宪法日。纽埃总理塔拉吉来华出席上海世博会纽埃国家馆日活动。2011年2月，中国新任驻纽埃大使徐建国向塔拉吉总理递交国书。5月，全国人大常委会委员长吴邦国和国务院总理温家宝分别致电祝贺纽埃新任议长莱维和总理塔拉吉当选。10月，温家宝总理致电纽埃总理塔拉吉，祝贺纽埃宪法日。2012年10月，温家宝总理致电纽埃总理塔拉吉，祝贺纽埃宪法日。12月，温家宝总理与纽埃总理塔拉吉互致贺电，庆祝中纽建交5周年。同月，纽埃总理塔拉吉致函祝贺习近平当选中国共产党中央委员会总书记。

2013年10月，李克强总理致电纽埃总理塔拉吉，祝贺纽埃宪法日。11月6日至10日，塔拉吉总理率团赴广州出席"第二届中国-太平洋岛国经济发展合作论坛"，11月7日，汪洋副总理在广州会见塔拉吉。同月，中国新任驻纽埃大使王鲁彤到任，拜会纽埃驻新西兰高级专员雅各布森并递交国书副本。12月13日，新任驻新西兰兼驻纽埃大使王鲁彤在纽埃首都阿洛菲向纽埃总理塔拉吉正式递交国书，双方就双边关系深入交换意见。纽埃负责教育和农林渔业事务的部长希佩利、负责公共工程和司法事务的部长马加托吉阿、塔拉吉总理夫人等出席会议。王鲁彤大使积极评价中纽建交以来双边关系始终保持良好发展势头，表示很荣幸出任中国驻纽埃大使，愿与纽方共同努力，落实好两国领导人日前共同出席"第二届中国－太平洋岛国经济发展合作论坛"期间就深化双边合作达成的重要共识，为中纽关系长期健康稳定发展做出积极贡献。同月，塔拉吉总理向习近平主席和李克强总理祝贺新年。

2014年4月，李克强总理、张德江委员长分别致电祝贺纽埃总理塔拉吉、议长裴西吉亚当选。7月30日，中国－太平洋岛国论坛对话会特使杜起文出席在帕劳科罗尔举行的"第二十六届太平洋岛国论坛"，在会后对话会期间会见纽埃总理塔拉吉。

同年11月16日至23日，国家主席习近平对澳大利亚、新西兰、斐济进行国事访问，并在斐济同太平洋建交岛国领导人举行会晤。11月22日，习近平在斐济楠迪会见纽埃总理塔拉吉。在会见塔拉吉时，习近平指出，中国和纽埃双边关系发展良好，中方愿同纽方继续扩大友好交流，加强渔业、基础设施建设、医疗卫生等领域的合作，帮助纽埃加快发展。塔拉吉表示，中国对太平洋岛国的政策有利于岛国可持续发展，深受岛国人民欢迎。纽方感谢中方积极节能减排，这对小岛屿国家应对气候变化挑战是实实在在的支持。习近平还同塔拉吉一道见证双边合作文件的签署。[①]

[①] 参见中国外交部官方网站http://www.fmprc.gov.cn/wjb/cn_search.jsp。

纽 埃

中国始终注重与太平洋岛国在经济上的共同发展、和平发展、合作共赢。纽埃作为该地区的重要国家之一,其态度对中国,尤其是对中国"一带一路"发展战略,对于加强南南合作,形成更加紧密的亚太经济融合趋势,提升中国国际形象,使我国在国际社会中特别是在发展中国家获得更为广泛的支持,无疑都具有非常重要的现实意义。① 作为中国"一带一路"发展战略的一部分,中国政府成立"中国-太平洋岛国论坛奖学金项目",每年向太平洋岛国学生提供约 10 个奖学金名额,鼓励岛国学生到中国留学,纽埃于 2015 年参与了该项目。在此之前,2013 年 2 月 20 日,驻新西兰兼驻纽埃大使徐建国与纽埃驻新西兰高专欧拉弗·雅各布森在惠灵顿代表各自政府签署了《中纽经济技术合作协定》。② 这是自 2011 年以来,中纽政府第二次签署经济技术合作协定,将进一步推动双边经贸、技术等各领域的广泛交流与合作。

包括纽埃在内,南太平洋地区许多国家也都注意到了中国的快速发展给他们带来的巨大机遇。加之在同纽埃等太平洋岛国的交往中,中国政府所提供的不附加任何政治条件的援助和互利双赢的经济合作策略,受到太平洋岛国的欢迎。纽埃作为该地区的重要成员之一,同中国的合作前景也更为广阔,尤其随着海外中国游客数量的增加,某种程度上能够推动作为纽埃重大经济支柱的旅游产业的发展,能给纽埃国内的经济发展注入活力。中国在萨摩亚、斐济等国经济合作项目取得的成就,为下一步中纽经济合作及中国在纽埃的基础设施合作建设项目,提供了很好的参照。

---

① 胡传明、张帅:《美中日在南太平洋岛国的战略博弈》,《南昌大学学报》(人文社会科学版) 2013 年第 1 期。
② http://www.mofcom.gov.cn/article/i/jyjl/l/201302/20130200032880.shtml。

大事纪年

1774 年	英国探险家詹姆斯·库克发现纽埃岛
1830 年	英国探险家约翰·威廉姆斯成功登陆纽埃岛
1846 年	潘尼亚米纳·纽卡伊开始在纽埃传播基督教
1876 年	纽埃首次成立统一政府,阿洛菲部落首领马泰欧·图依托加担任国王
1900 年	巴瑟尔·汤姆逊在纽埃签订了条约,悬挂英国国旗,英国殖民统治时期开始
1902 年	史蒂芬森·帕西·史密斯被新西兰政府派往纽埃担任属地居民代表,其作品《纽埃岛及其人民》成为第一部介绍纽埃的著作
1903 年	新西兰正式托管纽埃
1957 年	新西兰议会通过《库克群岛修正法案》,代表纽埃的原"岛国委员会"更名"纽埃议会",并于1959年正式取代"岛国委员会"
1965 年	新西兰议会通过《纽埃宪法报告》,该报告是纽埃历史发展中的重要里程碑
1966 年	纽埃议会选举纽埃人罗伯特·莱克斯担任纽埃政府首脑

1974年	新西兰议会通过《纽埃宪法》，纽埃最终成立政治独立的政府
1974年	纽埃第一届独立政府诞生，罗伯特·莱克斯当选为第一任总理
1981年	纽埃在新西兰的奥克兰市设立总领事馆，纽埃和新西兰正式建立外交关系
1993年	纽埃成为联合国教科文组织成员国
1994年	纽埃加入世界卫生组织
2007年	纽埃正式与中华人民共和国建立外交关系
2012年	纽埃与新加坡正式建立外交关系
2012年	纽埃与印度正式建立外交关系
2013年	纽埃与澳大利亚正式建立外交关系
2013年	纽埃与泰国正式建立外交关系
2013年	中国驻新西兰大使徐建国与纽埃驻新西兰高专欧拉弗·雅各布森签署了《中纽经济技术合作协定》，中纽开展广泛交流与合作
2014年	纽埃与古巴正式建立外交关系
2014年	纽埃与土耳其正式建立外交关系
2015年	纽埃与日本正式建立外交关系
2015年	纽埃与意大利正式建立外交关系

参考文献

一 英文文献

Barker, J. C., "Home Alone: the Effects of Out-Migration on Niuean Elders' Living Arrangements and Social Supports," *Pacific Studies*, Vol. 17, No. 1 (1994).

Barker, Judith C., "Hurricanes and Socio-Economic Development on Niue Island." *Asia Pacific Viewpoint*, Vol. 41, No. 2 (2000).

Bazinet, J. M., *Survey on Youth in Niue*, Noumea: South Pacific Commission, 1970.

Chapman, Terry M., *Niue: A History of the Island*, Institute of Pacific Studies, 1982.

Chapman, Terry M., *The Decolonisation of Niue*, Wellington: Victoria University Press, 1976.

Cohn, P., *Economic Independence through Expansion of Private Sector Enterprise: The 'Prescriptive Unreality' of Niue's Development Planning*, Dissertation. University of Melbourne, 2003.

Cole, Shari and Vitolia Kulatea, *Cultural Crafts of Niue; Pandanus Weaving*, Institute of Pacific Studies, 1996.

Connell, J., "A Nation in Decline? Migration and Emigration from the Cook Islands," *Asian and Pacific Migration Journal*, Vol. 14, No. 3.

Connell, J., "Niue: Embracing a Culture of Migration," *Journal of Ethnic and Migration Studies*, Vol. 34, No. 6 (2008).

Connell, John, "Migration, Employment and Development in the South Pacific," *Country Report*, No. 11, Niue, 1983.

Crocombe, R., "The Cook, Niue and Tokelau Islands: Fragmentation and Emigration", Ed. R. Crocombe, *Land Tenure in the Pacific*. Melbourne: Oxford University Press, 1971.

Douglas E., "New Polynesian Voyagers: Visitors, Workers and Migrants in New Zealand", Ed. R. M. Prothero and M. Chapman. *Circulation in Third World Countries*, London: Routledge and Kegan Paul, 1985.

Douglas, H., "Niue: The Silent Village Green", Ed. A. Hooper. *Class and Culture in the South Pacific*, Suva: University of Auckland, 1987.

Fanon, F., *The Wretched of the Earth*, New York: Grove Press, 1968.

Government of Niue, *Niue Laws*.

Government of Niue, *Niue: History of the Island*, Suva: University of the South Pacific, 1982.

Hay J. Rod, *Guide to Birds of Niue*, South Pacific Regional Environment Programme, 1998.

Heyn, Joslin Annelies, *Migration and Development on Niue Island*,

MA Thesis. The University of Montana, 2003.

Kalauni, S. And R. Crocombe, et al. , "Land Tenure in Niue," Institute of Pacific Studies (1977 – 1996).

Loeb, Edwin M. , *History and Traditions of Niue*, Honolulu: The Museum, 1926.

McDowell, K. D. , *A History of Niue*, MA Thesis. University of Auckland, NZ, 1961.

Murray W. , "Sustaining Agro-Exports in Niue: the Failure of Free Market Restructuring," *Journal of Pacific Studies*, Vol. 24, No. 2 (2000).

Ogan, E. , "Social Change in the Pacific: Problems Old, Problems New, Problems Borrowed." Eds. Anthony J. Marsella, et al, *Social Change and Psychosocial Adaptation in the Pacific Islands: Cultures in Transition*, New York: Springer, 2005.

Painter, Margaret and Kalaisi Folau, *Tagi Tote e Loto Haaku, My Heart Is Crying a Little: Niue Island Involvement in the Great War, 1914 – 1918*, Suva, Fiji: University of the South Pacific, 2000.

Pointer, Margaret, *Niue 1774 – 1974: 200 Years of Contact and Change*, Honolulu: University of Hawaii Press, 2015.

Pule, John and Nicholas Thomas, *Hiapo: Past and Present in Niuean Barkcloth*, Dunedin, New Zealand: Otago University Press, 2005.

Salzman, M. , "The Dynamics of Cultural Trauma: Implications for the Pacific Nations", Eds. Anthony J. Marsella, et al. , *Social Change and Psychosocial Adaptation in the Pacific Islands: Cultures in Transition*, New York: Springer, 2005.

Smith, Stephenson Percy, *Niue Island and its People*, Institute of Pacific Studies, 1983.

Sperlich, Wolfgang B., *Tohi Vagahau Niue/Niue Language Dictionary: Niuean-English, with English-Niuean Finderlist*, Honolulu: University of Hawaii Press, 2012.

Statistics New Zealand, *New Zealand Census of Population and Dwellings*, Wellington: Statistics New Zealand, 2006. www.stats.govt.nz.

Statistics New Zealand, *Niuean: Census*, Wellington: Statistics New Zealand, 2001. www.stats.govt.nz.

Sykes, W. R., *Contributions to the Flora of Niue*, DSIR, 1970.

Talagi, M., *Contemporary Politics of Micro-State Niue*, MA Thesis. Auckland University, NZ, 1991.

Taylor, Neil and Teny Topalian, "Environmental Education in the South Pacific: An Evaluation of Progress in Three Countries", *The Environmentalist*, 15 (1995).

Terry. James P and Warwick E Murray, ed., *Niue Island: Geographical Perspectives on the Rock of Polynesia*, Paris: ISULA, 2004.

Teuvirihei, Helene Marsters and David M. Kennedy, "Beach Development on An Uplifted Coral Atoll: Niue, South West Pacific", *Geomorphology*, 222 (2014).

Thomson, Basil C., *Savage Islands: An Account of a Sojourn in Niue and Tonga*, Create Space Independent Publishing Platform, 2014.

USA International Business Publications, *Niue Ecology & Nature Protection Handbook*, Intl Business Pubns USA, 2009.

USA International Business Publications, *Niue Investment and*

Business Guide: Strategic and Practical Information, Intl Business Pubns USA, 2012.

Usa, Ibp, *Niue Country Study Guide*, 3rd ed. , International Business Publications, USA, 2007.

Walsh, A. C. , "Population Distribution and Migration", *Census of Niue*, Vol. 2 (1980).

Walsh, A. C. and A. Trlin, "Niuean Migration: Niuean Socio-Economic Background, Characteristics of Migrants and Settlement in Auckland," *Journal of the Polynesian Society*, Vol. 82, No. 1 (1973).

Walter, Richard and Atholl Anderson, "Archaeology of the Niue Island", *The Journal of the Polynesian Society*, 104. 4 (1995).

二 主要网站

http://cn. bing. com/? FORM = HPCNEN&mkt = zh – CN

http://en. wikipedia. org/wiki/Niue

http://en. wikipedia. org/wiki/Niue_ People%27s_ Party

http://en. wikipedia. org/wiki/Premier_ of_ Niue

http://world – hello. com/niuai

http://www. citelighter. com/political – science/countries/knowledgecards/niue

http://www. fmprc. gov. cn/mfa_ chn/gjhdq_ 603914/gj_ 603916/dyz_ 608952/1206_ 609328/

http://www. gov. nu/wb/

http://www. mfat. govt. nz/Countries/Pacific/Niue. php

http://www. niueisland. com/

纽 埃

http：//www.nzembassy.com/

http：//www.nzhistory.net.nz/

http：//www.spc.int/prism/niue

http：//www.statoids.com/ynu.html

http：//www.teara.govt.nz/

http：//www.who.int/countries/niu/zh/

http：//www.wpro.who.int/countries/niu/en

http：//www2.stats.govt.nz

https：//www.cia.gov/library/publications/the-world-factbook/geos/ne.html

http：//niue.prism.spc.int

索　引

阿瓦基岩洞　40，42
安提俄珀礁　1
澳新军团日　33
白色星期天　34
贝弗里奇礁　1
波利尼西亚协会　59
大洋洲橄榄球联盟大赛　29
岛国委员会　50，52，72，145，155
多哥峡谷　40，41
法塔阿依基　48，49，58，59，61
佛乌医院　123，124
福努阿库拉工业园　84
公共服务假日　34，35
公共服务委员会　63，69，70，74，75，
　　116，133
《关于持久性有机污染物的斯德哥尔摩
　　公约》　71，147
国际禁止化学武器组织　146
国际农业发展基金会　146
哈南国际机场　36，41，53，95
胡亚纳吉　30，40

虎瓦鲁森林保护区　41，88
杰里·迈特帕里　57，59，61
《京都议定书》　147
《库克群岛及周边岛屿法案》　50，53，111
《拉罗汤加南太平洋无核区条约》　147
拉皮塔文化　45
里夫集团　87，103
利牧池　40
利物浦大学　132
《联合国海洋法公约》　147
联合国教科文组织　131，141，146，
　　156
联合国开发计划署　102
联合国粮食及农业组织　102，146
《联合国气候变化框架公约》　147
联合咨询集团　105
鲁阿-屠普亚　30
路亚-屠普亚　30
伦敦传教会　50~52
罗伯特·莱克斯　56，60，68，155，
　　156

163

马克·克劳斯 139

马奈阿工作室 140

马泰欧·图依托加 7，48，57，58，155

摩图 6，7，43

摩图－亚－西纳 26

南太平洋大学纽埃校区 132

南太平洋地区经贸合作协定 146

《南太平洋地区自然资源及环境保护公约》 147

《南太平洋禁止长流网捕鱼公约》 71，147

纽埃电信公司 96，97，99

纽埃发展董事会 110

纽埃广播公司 140～143

纽埃互联网用户协会 99，104

《纽埃武装法案》 108

《纽埃宪法报告》 55，155

纽埃香草国际公司 87

纽埃议会 50，52～56，61，62，64～67，69，70，72～74，109，110，116，127，134，145，152，155

纽埃音乐托伊奖 141

纽埃渔民协会 89

纽埃渔业加工有限公司 88，89

《纽埃之星》 141

帕拉哈岩洞 42

潘尼亚米纳·纽卡伊 29，34，46，47，155

人民行动党 67

社区事务部 39，40，118，142

圣克莱门茨大学高等教育学院 132

史蒂芬森·帕西·史密斯 10，11，22，31，50，58～60，155

塔菲提 6，7，43

太平洋财政技术援助中心 102

太平洋岛国论坛 127，146～148，150，153，154

《太平洋更紧密经济关系协定》 103

太平洋共同体 146

屠普亚 30

土阿莫土群岛 38

《土地法案》 110

托吉亚 49，58

托加纽埃 137，138

托克·塔拉吉 67～69，128，150

万国邮政联盟 146

文化委员会 39，40

宪法日 34，150，152

新喀里多尼亚岛 57

扬·维维安 67，68，127，150，151

詹姆斯·库克 25，41，45，46，57，145，155

《中西太平洋高度洄游鱼类种群养护和管理公约》 71，147

中西太平洋渔业委员会 88

164

新版《列国志》总书目

亚洲

阿富汗
阿拉伯联合酋长国
阿曼
阿塞拜疆
巴基斯坦
巴勒斯坦
巴林
不丹
朝鲜
东帝汶
菲律宾
格鲁吉亚
哈萨克斯坦
韩国
吉尔吉斯斯坦
柬埔寨
卡塔尔
科威特
老挝
黎巴嫩
马尔代夫

马来西亚
蒙古
孟加拉国
缅甸
尼泊尔
日本
塞浦路斯
沙特阿拉伯
斯里兰卡
塔吉克斯坦
泰国
土耳其
土库曼斯坦
文莱
乌兹别克斯坦
新加坡
叙利亚
亚美尼亚
也门
伊拉克
伊朗
以色列
印度
印度尼西亚
约旦

纽 埃

越南

非洲

阿尔及利亚
埃及
埃塞俄比亚
安哥拉
贝宁
博茨瓦纳
布基纳法索
布隆迪
赤道几内亚
多哥
厄立特里亚
佛得角
冈比亚
刚果共和国
刚果民主共和国
吉布提
几内亚
几内亚比绍
加纳
加蓬
津巴布韦
喀麦隆
科摩罗
科特迪瓦
肯尼亚
莱索托
利比里亚
利比亚
卢旺达

马达加斯加
马拉维
马里
毛里求斯
毛里塔尼亚
摩洛哥
莫桑比克
纳米比亚
南非
南苏丹
尼日尔
尼日利亚
塞拉利昂
塞内加尔
塞舌尔
圣多美和普林西比
斯威士兰
苏丹
索马里
坦桑尼亚
突尼斯
乌干达
西撒哈拉
赞比亚
乍得
中非

欧洲

阿尔巴尼亚
爱尔兰
爱沙尼亚
安道尔

奥地利
白俄罗斯
保加利亚
比利时
冰岛
波黑
波兰
丹麦
德国
俄罗斯
法国
梵蒂冈
芬兰
荷兰
黑山
捷克
克罗地亚
拉脱维亚
立陶宛
列支敦士登
卢森堡
罗马尼亚
马耳他
马其顿
摩尔多瓦
摩纳哥
挪威
葡萄牙
瑞典
瑞士
塞尔维亚
圣马力诺
斯洛伐克

斯洛文尼亚
乌克兰
西班牙
希腊
匈牙利
意大利
英国

美洲

阿根廷
安提瓜和巴布达
巴巴多斯
巴哈马
巴拉圭
巴拿马
巴西
玻利维亚
伯利兹
多米尼加
多米尼克
厄瓜多尔
哥伦比亚
哥斯达黎加
格林纳达
古巴
圭亚那
海地
洪都拉斯
加拿大
美国
秘鲁
墨西哥
尼加拉瓜

纽 埃

萨尔瓦多
圣基茨和尼维斯
圣卢西亚
圣文森特和格林纳丁斯
苏里南
特立尼达和多巴哥
危地马拉
委内瑞拉
乌拉圭
牙买加
智利

大洋洲

澳大利亚

巴布亚新几内亚
斐济
基里巴斯
库克群岛
马绍尔群岛
密克罗尼西亚
瑙鲁
纽埃
帕劳
萨摩亚
所罗门群岛
汤加
图瓦卢
瓦努阿图
新西兰

当代世界发展问题研究的权威基础资料库和学术研究成果库

国别国际问题研究资讯平台

列国志数据库 www.lieguozhi.com

列国志数据库是以"十二五"国家重点图书出版规划项目、中国社会科学院创新工程学术出版资助项目《列国志》丛书为基础,全面整合国别国际问题核心研究资源、研究机构、学术动态、文献综述、时政评论以及档案资料汇编等构建而成的数字产品,是目前国内唯一的国别国际类学术研究必备专业数据库、首要研究支持平台、权威知识服务平台和前沿原创学术成果推广平台。

从国别研究和国际问题研究角度出发,列国志数据库包括国家库、国际组织库、世界专题库和特色专题库4大系列,共175个子库。除了图书篇章资源和集刊论文资源外,列国志数据库还包括知识点、文献资料、图片、图表、音视频和新闻资讯等资源类型。特别设计的大事纪年以时间轴的方式呈现某一国家发展的历史脉络,聚焦该国特定时间特定领域的大事。

列国志数据库支持全文检索、高级检索、专业检索和对比检索,可将检索结果按照资源类型、学科、地区、年代、作者等条件自动分组,实现进一步筛选和排序,快速定位到所需的文献。

列国志数据库应用范围广泛,既是学习研究的基础资料库,又是专家学者成果发布平台,其搭建学术交流圈,方便学者学术交流,促进学术繁荣;为各级政府部门国际事务决策提供理论基础、研究报告和资讯参考;是我国外交外事工作者、国际经贸企业及日渐增多的广大出国公民和旅游者接轨国际必备的桥梁和工具。

数据库体验卡服务指南

※100元数据库体验卡目前只能在列国志数据库中充值和使用。

充值卡使用说明:
第1步 刮开附赠充值卡的涂层;
第2步 登录列国志数据库网站(www.lieguozhi.com),注册账号;
第3步 登录并进入"会员中心"→"在线充值"→"充值卡充值",充值成功后即可使用。

声明

最终解释权归社会科学文献出版社所有。

数据库服务热线:400-008-6695
数据库服务QQ:2475522410
数据库服务邮箱:database@ssap.cn

欢迎登录社会科学文献出版社官网(www.ssap.com.cn)
和列国志数据库(www.lieguozhi.com)了解更多信息

卡号 7379943019532669

图书在版编目(CIP)数据

纽埃 / 刘风山编著. -- 北京：社会科学文献出版社，2017.4（2018.8 重印）
（列国志：新版）
ISBN 978 - 7 - 5201 - 0432 - 6

Ⅰ.①纽… Ⅱ.①刘… Ⅲ.①纽埃岛 - 概况 Ⅳ.①K964.2

中国版本图书馆 CIP 数据核字（2017）第 043294 号

·列国志（新版）·
纽埃（Niue）

编　　著 / 刘风山

出 版 人 / 谢寿光
项目统筹 / 张晓莉
责任编辑 / 叶　娟

出　　版 / 社会科学文献出版社·国别区域与全球治理出版中心（010）59367200
　　　　　　地址：北京市北三环中路甲 29 号院华龙大厦　邮编：100029
　　　　　　网址：www.ssap.com.cn
发　　行 / 市场营销中心（010）59367081　59367018
印　　装 / 三河市尚艺印装有限公司

规　　格 / 开　本：787mm × 1092mm　1/16
　　　　　　印　张：12.25　插　页：0.5　字　数：138 千字
版　　次 / 2017 年 4 月第 1 版　2018 年 8 月第 2 次印刷
书　　号 / ISBN 978 - 7 - 5201 - 0432 - 6
定　　价 / 59.00 元

本书如有印装质量问题，请与读者服务中心（010 - 59367028）联系

▲ 版权所有 翻印必究